Karl Planck, Fußlümmelei

Die Vorlage wurde freundlicherweise
von Herrn Fritz Gerhard in Braunschweig
zur Verfügung gestellt

Planck, Karl:
Fußlümmelei: über Stauchballspiel u. engl. Krankheit /
von Karl Planck. – (Nachdr. d. Ausg.)
Stuttgart 1898. – Münster: Lit-Verlag, 1982

(Reihe Geschichte des Fussballs; Bd. 2)
ISBN 3–88660–031–9

NE: GT

Lit Verlag, 4400 Münster, Vorländerweg 48

Printed in Germany

Satz: K. Schulz

Fußlümmelei.

Über Stauchballspiel und englische Krankheit.

Von

Karl Planck,

Nachwort
H. Eichberg / W. Hopf
Fußball zwischen Turnen und Sport

Lit

VORWORT

Fußball als „Fußlümmelei", als „Stauchballspiel", als „englische Krankheit", als etwas „Gemeines", so beschreibt Turnlehrer Planck den Fußball in seiner Schrift „Fußlümmelei". Ende des 19. Jahrhunderts sah sich der aufkommende Fußball zahlreichen Attacken ausgesetzt. Planck stand mit seiner Polemik also keineswegs allein. Er führt seine Attacke lediglich heftiger als andere.

Den Hintergrund für diese Auseinandersetzungen um den Fußball bildet der Gegensatz von Turnen und Sport. Seit Jahn entwickelte sich das Turnen in Deutschland. Um 1900 beginnt seine Veränderung und Verdrängung durch den in England entstandenen Sport. Das Nachwort „Fußball zwischen Turnen und Sport" widmet sich der Aufhellung dieses Gegensatzes. Die Polemik gegen den Fußballsport verliert damit den Charakter des rein Kuriosen.

W. Hopf

INHALT

Fußlümmelei.

Über Stauchballspiel und englische Krankheit.

Von

Karl Planck,
Professor und Turnlehrer am Eberhard-Ludwigs-Gymnasium in Stuttgart.

Mit einem Nachwort.

Nehmen Sie meine Grobheit für Höflichkeit an, sagte der Pfannenflicker von Leinzell nach der Unterhaltung. Schwäb. Sprichwort.

Stuttgart.
Verlag von W. Kohlhammer.
1898.

Druck der Hoffmannschen Buchdruckerei in Stuttgart.

Otto Heinrich Jäger

zum siebzigsten Geburtstag

gewidmet.

„Podobötismus!“ Dieser einst von einem groben Schwaben, unserem Fr. Th. Vischer, geprägte Ausdruck würde das, was der Verfasser mit dem Vorliegenden treffen will, wohl am besten bezeichnen. Das Wort hätte zudem den Vorteil, daß seine fremdländische Form die Pille, die er als ungebetener und ungerufener Arzt unserem Volkskörper gewissermaßen als Gegengift verschreiben zu müssen glaubt, annehmbar verzuckerte. Aber es kann nun einmal nur von dem ohne weiteres verstanden werden, der über ein gewisses Maß gelehrter Bildung verfügt, und ich möchte wirklich von jedermann verstanden werden. Darum schreibe ich ehrlich, wenn auch sackgrob, deutsch: „Fußlümmelei“.

Unter selbigem Wort aber hatte jener Schwabe eine besondere Art der „Fußflegelei“ verstanden. Er meinte damit die liebliche Gewohnheit mancher Reisender, besonders aber reisender Englishmen, ihre wohlbeschuhten Gangwerkzeuge sogar auf die gepolsterten Bänke der zweiten Eisenbahnwagenklasse zu legen und so die Kleider ihrer glücklichen Fahrtgenossen mit echter Stiefelwichse oder frischangemachtem Straßenkot zu bedrohen. Jetzt erst, nach Jahren, ist es mir klar geworden, warum diese Edlen ihre ja an sich gewiß sehr schätzenswerten unteren Gliedmaßen so hoch schätzen zu müssen glaubten, daß sie ihnen den Platz zudachten, der nach der Ansicht sämtlicher europäischer und außereuropäischer Eisenbahnverwaltungen wie deren Kunden einem ganz anderen Körperteile zukommt. Oder hatten nicht erst sämtliche englisch-amerikanische Zeitungen und Zeitschriften ihren Ruhm als den der Blüte ihres Volkes aller Welt verkündigt? Und wem anders hatten sie diese Auszeichnung zu verdanken, als der Meisterschaft, mit der sie im jüngsten Fußball-„match“ ihre natürlichen Stoßwerkzeuge, wenn der kühne Ausdruck erlaubt ist, ge—handhabt hatten.

Doch im Ernst: worüber könnte man sich mehr freuen, als wenn jenes mit Unrecht verachtete, jahrhundertelang mißhandelte und doch nicht nur so zweckmäßige, sondern auch in seiner unverdorbenen, unverkrüppelten Gestalt so wahrhaft schöne Glied wieder zu der Ehre käme, die es seit den Tagen des Phayllus und des Phidias fast ausnahmslos entbehrt? Aber soll es dies deswegen, weil es mit den Hauern des Wildschweins, mit den Hörnern des Auerochsen, mit dem Nashorn des afrikanischen Untiers, das mit Negerleibern Fangball spielt, erfolgreich den Wettkampf aufnimmt?

Freilich geschieht das ja nur spielweise und darum wird mancher zunächst kaum verstehen, wie man sich darob ernstlich ereifern mag. Indessen wer so denkt, wird in seiner Sicherheit vielleicht doch etwas irre, wenn er sich der Worte Schillers erinnert, der im 15. seiner „Briefe über die ästhetische Erziehung des Menschen" also schreibt: „Man wird niemals irren, wenn man das Schönheitsideal eines Menschen auf dem nämlichen Wege sucht, auf dem er seinen Spieltrieb befriedigt."

So? Und wenn nun das richtig ist, wo wäre denn dann das Schönheitsideal unserer Fußballhelden und -schwärmer zu finden? Doch wohl in der Bethätigungsform, die dem Spiel seinen Namen gegeben, die aber der Sprachsinn des Volkes wenigstens bei uns im Süden weit feinfühliger herausgefunden und weit treffender bezeichnet hat, wenn er vom „Stauchballspiel" redet. Das Stauchen, der Fußtritt, der ganz gemeine „Hundstritt" ist es ja, der hier den Ausschlag giebt! Er ist es, der bald stärker, bald schwächer, bald in die Höhe, bald in die Weite, sei's mit der möglichsten Wucht, sei's mit der möglichsten Schärfe aufs Ziel geführt, das Spiel entscheidet, den Sieg gewinnt. Was bedeutet aber der Fußtritt in aller Welt? Doch wohl, daß der Gegenstand, die Person nicht wert sei, daß man auch nur die Hand um ihretwillen rührte. Er ist ein Zeichen der Wegwerfung, der Geringschätzung, der Verachtung, des Ekels, des Abscheues. So wurde und wird er immer und überall verstanden, wenn er ohne Not angewendet wird. Wer's nicht glaubt, kann ja in Betschuanaland, in Hinterindien oder bei den Botokuden die Probe darauf machen. Der Lappländer wäre gewiß erst zu finden, der einen Fußstoß ans Schienbein für eine Schmeichelei und einen Tritt unters Gesäß für eine Ehrenbezeugung hielte. Und nun eine solche Bethätigungsform planmäßig, schulmäßig, selbst aus höheren Gründen der Geschmacks- und Willensbildung zum Gegenstand der Lieblingserholung, ja der ernsteren Leibes- und Geisteserziehung zu machen, — in der That, ist das nicht recht eigentümlich?

Zunächst ist jene Bewegung ja schon, auf die bloße Form hin angesehen, häßlich. Das Einsinken des Standbeins ins Knie, die Wölbung des Schnitzbuckels, das tierische Vorstrecken des Kinns erniedrigt den Menschen zum Affen, selbst wenn die Haltung nicht den Grad abstoßender Häßlichkeit erreicht, den uns unser Titelbild versinnlicht*). Noch ein Tupf mit dem kleinen Finger der Linken, und das prächtige Gebilde stürzt rücklings zu Boden oder kollert in kläglichen Sprüngen dahin, um sich auf den Beinen zu erhalten. Welcher Bildhauer würde sich von einer solchen Erscheinung zu künstlerischer Darstellung begeistern lassen? Und selbst der Zeichner und Maler, der um des scharf Kennzeichnenden willen auch das Häßliche und Abstoßende nicht scheut, wird sich doch sehr besinnen, ehe er eine so häßliche Gebärde wiedergiebt, sei's daß er die Person entsprechend kennzeichnen, sei's daß er eine komisch-satirische Wirkung erzielen will oder dergleichen.

Aber das Spiel hat doch daneben, schon rein formell betrachtet, seine großen Vorzüge! Es wird ja nicht bloß gestoßen, sondern um den Stoß erst tüchtig gelaufen und wenigstens beim Spiel mit Aufnahme des Balls vielfach auch noch tüchtig gerungen! Gewiß, aber dabei bleibt es doch nichtsdestoweniger bestehen, daß die letzte Entscheidung durch die größere Fertigkeit im Stauchen herbeigeführt wird und daß alle die ansprechenden und herzerfreuenden Bilder, die der Lauf- und Ringkampf bieten mag, immer wieder jäh durch die liebliche Erscheinung des Hundstritts unterbrochen werden! Mag man sich durch jene noch so angeregt, erbaut, erhoben fühlen, so wird man doch durch diese immer wieder geärgert, erzürnt, beleidigt.

Es läßt sich nun eben einmal die Frage nicht unterdrücken: Verdient denn der Gegenstand, der hier so herumgepufft, geknufft und gestoßen wird, eigentlich eine solche Behandlung? Es kommt ja manchmal vor, daß ich einen Gegenstand, der mir ungeschickt in die Quere kommt, mit dem Fuße wegschieben oder wegpuffen muß. Das hat dann aber seinen Grund darin, daß ich die Hand nicht frei habe oder mich zu beschädigen oder zu beschmutzen fürchten muß. Einen eigentlichen Hundstritt werde ich aber selbst dann aus guten Gründen kaum anwenden. Gilt aber der Hundstritt einem schofeln „Subjekt", so vergißt man über der Gemeinheit des „Subjekts" allenfalls, daß die Bewegung, die ihm gilt, eigentlich selbst auch schofel ist. Doch überläßt man auch in dem Fall die Ausführung lieber dem dafür bezahlten Hausknecht oder vollzieht man sie nur moralisch. Ein „Objekt" dagegen ist überhaupt nie so gemein, daß es eine solche Behandlung verdiente, und die Gemeinheit bleibt schließlich am „behandelnden" „Subjekt" hängen. Und

---

*) Vrgl. übrigens dazu die Momentaufnahme in der „Zeitschrift für Turnen und Jugendspiel" 5. Jahrg. 1896 Nr. 7 und 8 S. 115 Abb. 2.

das ist nun allerdings meine Ansicht über das Fußballspiel: Die unterscheidende Bewegungsform des Spieles ist an sich gemein.

Nein, das ist doch zu stark! Lümmelhaft, gemein soll das sein, was wir in der schönsten besten Absicht zum Heil und Wohl unseres Volkes übten und empfahlen? Doch bitte, wer sagt denn das eigentlich? Doch nur ein einzelner Mann, und wenn es nicht wahr ist, braucht es ja niemand sonst zu glauben. Ich habe nun einmal das Gefühl, daß die spielförmige, erzieherisch planmäßige Schulung des Hundstritts nicht nur einen schlechten Geschmack verrate, sondern auch schließlich verrohen müsse, während die Gegner zum mindesten in dem Spiel als Ganzen nicht nur ein vortreffliches Bildungsmittel für den Leib erblicken, sondern auch eine Veredlung des Geschmacks und der Sitte davon erwarten. Würden sie es anders empfehlen? Wer hat nun recht?

Es soll, obwohl sich das übrigens für den Vernünftigen von selbst versteht, hier noch ausdrücklich erklärt sein, daß mein Vorwurf sich nicht etwa gegen die Person der einzelnen Fußballspieler und -verteidiger, die mir ja zum Teil selbst bekannt, lieb und wert, ja hochgeschätzt sind, richtet. Vielmehr kann hier nur gesagt sein wollen — ich wiederhole es —, daß das Spiel als solches etwas Lümmelhaftes und Gemeines an sich habe. Andererseits kann und soll allerdings auch nicht geleugnet werden, daß, wer das Spiel empfiehlt und fördert, damit eine gewisse Verantwortung übernimmt. Ich muß nun zugeben, daß mir das Lümmelhafte und Gemeine an dem Spiel einst selber nicht auffiel, oder meinetwegen, wenn die Sache durchaus so gewendet sein muß, mein Geschmack damals selber lümmelhaft und gemein war. Man wird unter solchen Umständen umsoweniger an der Aufrichtigkeit derjenigen meiner Ausführungen zweifeln dürfen, die die Thatsache erklären sollen, daß so viele in Sachen des Geschmacks und der Erziehung durchaus urteilsfähige Männer sich zum Teil mit einem wahren Feuereifer für das Spiel ins Zeug werfen. Spreche ich doch hier gewissermaßen in eigener Sache.

Wie war das nun aber so gekommen? Mein erstes Urteil war mehr aus einer wenn auch eingehenden theoretischen Beschäftigung mit dem Spiele hervorgegangen, als aus praktischer Bekanntschaft, wenn auch letztere keineswegs vollständig fehlte. Obwohl ich nun aber damals wenigstens das Fußballspiel mit Aufnehmen des Balls warm empfehlen zu können glaubte, so hielt mich doch von Anfang an ein Etwas zurück, mich selbst an dem Spiel zu beteiligen oder die mir anvertraute Jugend dazu anzuleiten. Dieses Etwas steigerte sich schließlich durch tägliche Erfahrung und Anschauung zu dem schon hinlänglich gekennzeichneten Gefühl der Abneigung und des Ekels, worin ich mich vollständig mit dem Urteil meines ehemaligen Lehrers, Professors Dr. O. H. Jäger, berührte, den ich in Fragen der gymnastischen Volkserziehung noch immer für den Berufensten unter den dermalen Lebenden halte*). Jene Erfahrung aber bestand insbesondere darin, daß ich Tag für Tag mit ansehen mußte, wie unsere liebe Jugend selbst auf engstem Raume, wo ein regelrechtes Fußballspiel mit scharfer Laufbewegung gänzlich ausgeschlossen war, sich stundenlang und unermüdlich damit vergnügte, sich den Ball, je häßlicher, desto lieber, zuzustauchen. Das war es also, was unsere Jungen an dem Spiel so unbändig freute? Längst ist ja der Handball völlig aus der Mode gekommen. Zu haben ist er ja freilich noch, aber wer möchte so zurückgeblieben erscheinen, daß er ihn — man höre und staune — mit den Händen würfe und finge! Knirpse, kaum ihre drei Käselaibe hoch, kaum im stande sich auf ihren zwei Beinchen ordentlich aufrecht zu erhalten, „kicken" dir schon an allen Ecken und Enden, kunstgerecht auf einem Bein sich wiegend, mit erstaunlicher Fertigkeit ihren Stauchball ins Gesicht. Fehlte nur noch, daß auch die Mädchen die liebliche Gewohnheit annähmen! Fußballcancan! Nun, wenn ihn nicht fin de siècle uns noch bringt, so —. Uebrigens hat man schon jetzt manchmal die Empfindung, als ob alle Welt von ihm besessen wäre.

Unser „tintenkleckſendes Säkulum" hat auch auf dem Gebiet der Leibesübungen Dinge gezeitigt, die zu dem Lächerlichsten und Abgeschmacktesten gehören, was schreibselige Gedankenlosigkeit je hervorgebracht hat. Hätte aber vor etlichen Jahrzehnten noch ein solcher biederer Turnmeister in allem Ernst die Forderung gestellt, auch der Hundstritt müsse kunstgerecht geübt und der Sieger darin mit hohen Preisen ausgezeichnet werden, man hätte den Guten wohl ohne viele Umstände einfach ins Irrenhaus gesteckt. Kommt nun aber so ein Engländer daher, in dessen Gesicht jede Fiber nach „boxing" und jede Ader nach „kicking" schreit, so ist das, was eben noch närrisch schien, „wonderful, marvellous, prodigious" und wird flugs „importiert". Längst schon ist es bei unsern Fußballklubs üblich geworden, besondere Wettspiele im „Fußballweit- und -zielstoßen" vorzunehmen**). Nachdem die deutsche

*) Vergl. bes.: „Die Gewissensfrage von der Grundgymnastik im Spieltrieb". Neue Blätter aus Süddeutschland für Erziehung und Unterricht, Jahrg. 1895, 2. Heft.

**) „Um ein gutes Drop Kick stauchen zu können, heißt es da z. B., gehört offengestanden eine große Uebung und Ausdauer. Mag der Stauch 99 mal mißlingen, nur nicht verzagt und frisch das 100. Mal probiert; vielleicht gelingt er dann." Und das alles, um den Hundstritt zu erlernen. O du heilige Einfalt!

Turnerschaft, dem Zug der Zeit folgend, den Fußball unter ihre Wettspiele gleichfalls aufgenommen hat, ist es nur folgerichtig, wenn auch das „Fußballweit- und -zielstoßen" unter die „volkstümlichen" Wettübungen aufgenommen werden soll. Hörst du wohl? Unter die „volkstümlichen" Uebungen soll es aufgenommen werden. So sicher fühlt man sich also schon in der Wertschätzung dieses „Bildungsmittels", daß es mir nichts dir nichts unserem „Volkstum" eingeimpft werden soll. Da wollen wir denn doch auch noch ein Wort mitsprechen.

Unsereiner erlaubt sich also nicht nur diese Errungenschaft englischen Aftersports, sondern auch das Fußballspiel selbst nicht nur gemein, sondern auch lächerlich, häßlich und widernatürlich zu finden. Am allerunnatürlichsten ist das ob seiner angeblich geringeren Gefährlichkeit vielgepriesene und bei uns fast allein geübte Fußballspiel ohne Aufheben das Balls, deutsch: „association". Sieh, dort stäubt er dahin, der rüstige Jüngling, den Rückgrat hohl aufgerichtet, die Lungen wie in mächtigem Flügelschlag rührend. Die Haare flattern ihm um die Stirn, und kosend fächeln die Lüfte ihm Kühlung. Jetzt ist er dem Ball nahe, im nächsten Augenblick wird er ihn fassen, ihn hochher über die jubelnden Freunde schwingen und wie zuvor im „fleißigen" Schwung der Füße, so nun im kraftvollen Stoß der Arme und Hände die Herrlichkeit der Schöpfung verkünden. O, du Träumer! Du wandelst nicht auf griechischer Erde und auch nicht in jenem Deutschland, das da kommen wird und muß! Du gehst und stehst auf anglisiert deutschem Boden zu Anfang des „Neuen Reichs". Wo du dich freuen möchtest, wirst du geärgert, wo du achten möchtest, wirst du zurückgestoßen, wo du zwar nicht die Erhabene, aber doch die anmutig Milde von Angesicht zu Angesicht zu schauen erwartest, grinst dir die Fratze und streckt dir die Zunge entgegen.

Wohl ist es gnädigst noch gestattet, den gestauchten Ball mit beiden Händen aus der Luft zu fassen*) oder ihn mit dem Kopfe aufzufangen. Wo bleibt denn aber da die Folgerichtigkeit? Warum denn nicht lieber gleich die Vorschrift, daß der Ball in der Luft nur mit beiden Füßen zumal gefaßt werden darf? Das wäre erst der wahre Sieg über die einfältige Natur! Laßt euch doch lieber gleich beide Arme abhacken oder mit Lederriemen doppelt und dreifach an den Leib schnüren! Sie sind ja doch nur eine stete Versuchung bei eurem wunder-

*) So z. B. nach dem vielgebrauchten Spielbuch von Dr. Kohlrausch und Marten. Nach strengen Sportgesetzen ist nicht einmal dies gestattet. Es darf also der Ball nur mit Kopf, Brust, Schultern, H— u. s. w. aufgehalten werden.

samen Spiel! Und dann: Läge es eigentlich nicht ganz im Zug des Spieles, wenn den Teilnehmern auch noch der Kopf abgesprochen würde? Der Mensch wäre dann nur noch ein ungeheurer Stiefel. Oder sollte etwa mit jener Regel zart angedeutet sein, daß, wer an dem Spiele teilnehmen wolle, zwar nicht gerade auf den Kopf gefallen sein, aber doch sich etwas auf den Kopf fallen lassen müsse?

Die Unnatur eines solchen Spielgeschmacks bildet nun ein merkwürdiges Gegenstück zu einer leider ursprünglich wirklich deutschen Erscheinung, die bei all ihrer Verschiedenheit doch einen gewissen inneren Zusammenhang mit jener verrät. Machten nämlich die Herren Britten in ihrem Stauchballspiel selbstherrlich grundumschöpferisch den Fuß zur Hand, so hatten ja schon umgekehrt unsere Turngrößen den Arm zum Bein gemacht. Es fehlte jetzt nur noch, daß beides vereinigt wurde. Und richtig: Diese Tausendkünstler brachten auch das noch fertig. Namens der höchsten Menschenbildung liefen sie nun auf deutsch kopfuntersich, fußobsich auf den Händen und spielten auf englisch mit den Füßen Ball. Nur allerdings annoch bloß nacheinander und nicht gleichzeitig. Man muß dem folgenden Jahrhundert doch auch noch etwas übrig lassen.

Es scheint schon ein eigener Unstern über unserem Turnwesen zu walten. Die günstigste Auffassung ist dabei noch die, daß wir erst alle erdenklichen Verkehrtheiten bis auf den Grund auszukosten bestimmt sind, um sie künftig desto besser vermeiden zu können. Wer bei diesem Probeessen nicht mitthun will, muß sich dann freilich als Eigenbrötler verschreien lassen. Der Ursprung des deutschen Turnens am Anfang dieses Jahrhunderts war den damaligen Umständen entsprechend noch recht gesund. Die kernhaft gediegene, wenn auch knorrige Natur Jahns gab ihm zunächst ihr Gepräge. In seinem rühmlichen Eifer um die bedrohte Deutschheit war er nur leider zu schwach gegenüber der Erfindungsseligkeit der eigenen Genossen und ließ Dinge als ureigen deutsch hingehen, die bis dahin kein deutscher Mann geübt hatte. Doch das konnte sich ja mit der Zeit abschleifen. Seine Schöpfung glich so anfangs einem munteren Eichhorn, das vorzüglich klettert, zuweilen aber doch auch nach Menschenart auf den flachen Erdboden herunterkommt und pfeilgeschwind über die Waldblößen setzt. Das Tierchen verkratzte dem bösen Franzosen ordentlich das Gesicht, und das war damals ganz recht. Nun sollte aber das Tierchen auch „gebildet“, erzogen werden. Was, hieß es da, das läuft ja nur in Wald und Feld herum! Das paßt ja gar nicht in unsere Menagerie! Nach langer Beratung und vielem Argwohn ward es aber endlich doch eingefangen, an den Krallen sorgsam beschnitten und in ein — Schulfach gesteckt. Für die verlorene Freiheit durfte es „Freiübungen“ machen, auch je zuweilen nach einer schönen Wanderweise den Herrschaften zur Aufwartung einen Reigen vortanzen. So ward das Tierchen zahm, wirklich schulzahm, nur wollte es leider gar nicht wachsen. Doch das erstarkende deutsche Volksbewußtsein kam ihm zu statten und unter Anwendung von leider nur allzuviel Bier, großen und kleinen Turnfesten, wuchs es heran zu einem stattlichen, braunen Bären. So kam das Jahr 1870. Die Franzosen bekamen abermals eines auf's Dach, und der Bär hielt sich recht wacker. Doch der Sieger ist galant und in Sachen des Geschmacks waren ihm halter die Herren Besiegten doch noch über. Der Franzose spielte auf, der Bär warf sich auf seine Vorderbeine und präsentierte sich im Hochstand, strahlend in bengalisch magnetisch elektrischem Lichtglanz, in Marmorgruppen, Pyramiden theatralisch, famos! Da drehte sich der Wind etwas nach Nordwest. Der Bär erinnerte sich, daß er ursprünglich doch einmal im Freien gelebt. Er nahm den deutschen Namen „Sport“ an, setzte sich eine dito Mütze auf den Kopf, warf sich urplötzlich wieder auf seine Hinterbeine, ja stand auf einem Bein trotz einer Gans und spielte flottweg „football“. Aber wozu hatte ihm die Natur vier äußere Gliedmaßen verliehen, die Kultur aber ihrerseits ihn in zwölfjährigem Bildungsgang „ansäßig“ gemacht? Also hinauf auf das Rad, „Bicycle“ deutsch genannt, im Vierhändertum die Brust zusammengepreßt, und mit dem schönsten Schnitzbuckel der Welt dem Teufel zugeritten! Wer wird heutzutag noch gehen oder laufen!*) Wie unmodern! How little zeitgemäß! How unfashionable! Cricket matches! Tennis tournaments! And oh! last not least: Rowing, Rowing! Juniors! Seniors! We must have challenge cups, first prizes and so on! Also setzte er sich — welches Glück! — abermals auf seine lieben vier Buchstaben, gampte in Gondeln, tollte in Döllenbooten, verschaffte sich gigs und allerlei Gigerlzeug, hip, hip, hurrah!

---

*) Es versteht sich von selbst, daß damit kein Urteil über das Rad als Beförderungsmittel ausgesprochen sein soll, wenn man sich auch die Bewegungsform naturgemäßer wünschen möchte. Der Schöpfer aber braucht sich darum von der Fahrräderfabrik von Müller, Schultze und Comp. wahrlich nicht als Pfuscher behandeln zu lassen. Das den wohlweisen Herren, die das Radeln über das Gehen und Laufen stellen! Ach, diese „Herren der Schöpfung“! Sind es nicht dieselben, die an einem Ort, wo sie sich gänzlich unbeachtet wissen, dieser selben Schöpfung ihren Zins bezahlen und dabei noch heilig froh sind, wenn sie es täglich regelmäßig können? Beiläufig, radeln Sie vielleicht deswegen, Geehrtester? Das wäre etwas anderes.

Da schlag doch gleich das Wetter drein! Müßt ihr denn immer und überall die gehorsamen Affen des Auslandes bleiben, im pas de deux tanzen, wenn euch der Franzmann vorgeigt, oder nach dem schottischen Dudelsack, während euch der schlaue Gentleman in Afrika und anderwärts den Bärenpelz über die Ohren zieht! Warum bleibt ihr nicht bei eurem deutschen Stehruder, standrecht im Gleichgewichtskampf auf schwankem Grund, „selbständig", zielscharf auch im Verein der Genossen, wie die hallischen Halloren, die Ulmer Fischer, ja selbst die Sennerin auf den deutschen Seen es euch noch heute weisen? Habt ihr denn nicht genug an eurem Schwungball mit und Stoßball ohne Riemen? Muß er denn wirklich hohl, und wenn hohl, mit dem Fuß gestaucht, statt mit der Hand geschlagen sein? Aber nein, wir müssen unsere Rosse erst anglisieren, unsern Feuerwein erst gallisieren lassen, womit bewiesen wir denn sonst unsere Deutschheit!

Doch der Fußball ist ja ursprünglich deutsch und sogar klassisch! So versichern uns englische Gelehrte. Und in der That, wer würde nicht die Waffen strecken, wenn ihm mit dem größten Aufwand von Gelehrsamkeit nachgewiesen wird, wie jenes Ballspiel, das die Spartaner, die anerkannten Meister griechischer Gymnastik, unter dem Namen „Episkyros" u. a. mit so großem Eifer trieben, ganz und gar das englische „football" gewesen sei? Ja, mit dem Unterschied, daß dieses Fußballspiel mit der — Hand gespielt wurde! Man ruft mir zu: „Seneca epist. 80"! Aus Anlaß des ungeheuren Lärms, der vom „Ballkampf" im nahen Zirkus herüberdröhnt, beklagt sich hier dieser „Spartaner" des ersten Jahrhunderts nach Christus darüber, wie viele ihren Körper üben und wie wenige ihren Geist. „Wie schwachen Geistes sind die, deren Arme und Schultern wir bewundern! Am meisten beschäftigt mich der Gedanke: wenn der Körper es durch Uebung zu der Ausdauer bringen kann, daß er Faustschläge und Fußtritte von mehr als einem Gegner aushält, wie viel leichter könnte er seinem Geist die Festigkeit geben, die Schläge des Schicksals ungebeugt zu empfangen oder, zu Boden geworfen und niedergetreten, sich wieder aufzurichten." Zweifellos ist das nun eine Anspielung auf die Faustschläge und Fußtritte, die es im Ballkampf „sphaeromachia" setzt. Folgt denn aber daraus, daß auch der Ball getreten wurde, daß dies zum Wesen des Spiels gehörte? Der lateinische Ausdruck „calcibus" wiese zunächst auf Verletzungen hin, wie sie durch das Hintenaufschlagen der Fersen im Laufe oder durch zufälliges Auftreten auf die Füße der Spielgenossen entstehen konnten. Allein da die gleichzeitig erwähnten „Faustschläge" ganz sicher beabsichtigt waren, so waren es wohl auch die Fußtritte, nur galten sie nicht dem Ball, sondern unmittelbar dem Gegner, um ihn abzutreiben. Man bedenke auch: jene Spiele wurden von den Spartanern vollständig nackt und jedenfalls barfuß ausgeführt. Bei förmlichem Fußballspiel konnte man sich also die Zehen bis zu völliger Marschunfähigkeit verstauchen. So thöricht waren aber die Spartaner sicher nicht, und auch nicht so widernatürlich, nur damit die Herren Engländer für ihren Stauchball einen „klassischen" Vorgang hätten. Uebrigens klassisch hin, klassisch her! Selbst wenn die Griechen Fußball gespielt hätten, so müßten wir es ihnen eben zu dem übrigen kreiden, was nicht war, wie es sein sollte.

Doch das Spiel soll als „giuoco del calcio" im 16. Jahrhundert von Italien nach Deutschland und von da nach England gewandert sein. Mag sein! Hoffentlich folgt aber daraus nicht, daß wir nun den Wechselbalg auch als unser Kind ansehen müßten. Denn wenn wir alle Tollheiten und Verkehrtheiten, die bei uns schon einmal Eingang gefunden haben, nun auch jederzeit auf Lager zu halten verpflichtet würden, so würde unser liebes Deutschland in Kürze das europäische Narrenhaus werden. Eine gewisse Veranlagung dafür will ich ja uns Deutschen nicht absprechen. Wenn aber im 16. Jahrhundert wirklich in Italien das Fußballspiel gespielt wurde, so ist es allerdings nicht unwahrscheinlich, daß es ein Erbstück vom Rom der Cäsaren war, eine leicht erklärliche Entartung des edleren griechischen „Episkyros" oder „Harpaston". Das welterobernde Rom und das länderverschluckende England! Das stimmt!

So also ging es mit diesem Spiele: das „Festland" schob es im 16. Jahrhundert ab, in England aber fiel es auf einen guten Boden. Mit dem englischen Sport, der alle Welt beleckt, ist es wieder zu uns gekommen *).

---

*) Ob wohl Shakespeare ein Freund des Fußballspiels war? Man höre: Im 1. Aufzug 4. Auftritt des König Lear stellt Lear den Haushofmeister Oswald, der seinem ehemaligen Herrn und König den Gehorsam verweigert, zur Rede. Da ihm dieser höhnische Blicke zuwirft, schlägt er ihn.

Haushofmeister: Ich lasse mich nicht schlagen, Herr.

Kent: Auch kein Bein stellen, du niederträchtiger Fußballspieler? (you base football player.) (Stellt ihm ein Bein und wirft ihn nieder.)

Lear: Ich danke dir, Bursch, du dienst mir, und ich will dich lieben.

Kent: Kommt, Herr, auf! Packt Euch! Ich will Euch Unterschied lehren; fort, fort! Wenn Ihr Eure Flegelslänge noch einmal messen wollt, bleibt. Nun fort, packt Euch! Seid Ihr klug? (Stößt ihn fort) So.

Lear zu Kent: Nun, mein freundlicher Gesell, ich danke dir.

Freilich, Lear und Kent sind offenbare Narren, Oswald aber gehört zu den Klugen, zu den ganz Klugen.

Es ist eine eigene Sache mit diesem „Sport". Es ist nicht zu leugnen: er hat dem Bisherigen gegenüber ein gewisses Recht. Insbesondere hat er thatsächlich die Laufgymnastik wieder mehr zu Ehren gebracht. Das war freilich nichts Neues. Jäger hatte schon Jahrzehnte vorher dasselbe gefordert, aber man wollte ja auf ihn nicht hören. Wäre unser deutsches Turnen nicht in so heillose Bahnen verfahren gewesen, so hätte der Sport den Platz schon besetzt gefunden. Schändlich genug, daß wir nach Ablauf eines Jahrhunderts gerade so weit sind, daß man, um nicht bloß mißverstanden zu werden, neben dem Begriff des „Turnens" immer auch noch das griechische Wort „Gymnastik" zu Hilfe nehmen muß. „Sport" ist nun aber gar ein englischer Begriff, und wir haben an unserem Begriff des „Turnens" noch gerade genug zu putzen und zu säubern, um ihn als leuchtendes Vorbild allem Volke aufzustellen. Nun hat man uns zwar als das Kennzeichen alles echten Sportes die „Ritterlichkeit" gepriesen. Mag sein, daß es dem Engländer so vorkommt, obwohl uns das am Ende des 19. Jahrhunderts doch ein ziemlich überholtes Ideal zu sein scheint. Jedenfalls aber können wir es ihm überlassen, diesen Begriff, der sein eigenes Gewächs ist, weiter auszubilden und zum Ideal zu steigern. Wir wünschen ihm Glück dazu. Uns ist er nun einmal ursprünglich fremd, und obwohl der „Sport" angeblich nur auf Erhaltung und Stärkung der Gesundheit ausgehen soll, bezeichnet das Wort thatsächlich bei uns etwas Ueberreiztes, Unnatürliches, Ungesundes. Die einfachen, natürlichen und bekömmlichsten Speisen schmecken uns nicht mehr, wenn sie nicht etwas von dem Hautgout unserer Civilisation an sich haben.

Der Begriff des „Sportes" ist freilich schwer zu fassen, und daher kommt es denn auch, daß unsere Sportsleute auf diesen oder jenen Angriff uns mit liebenswürdig überlegenem Lächeln versichern, das sei ja gar nicht „Sport". Begreiflich, denn sie sind in der glücklichen Lage, eine richtige Fickmühle zu besitzen. Doch es soll sie nichts nützen. Der Name ist uns völlig gleichgültig, wir halten uns rein nur an die Thatsachen und die thatsächlich bei uns am meisten vertretenen Sportarten. Auf Grund dieser Thatsachen machen wir uns aber auch anheischig, den Satz zu verfechten: Der richtige Sportsmann kümmert sich weder um Natürlichkeit der Bewegung, noch um Schönheit und Würde der Erscheinung. Den herrlichen Rechten, in dem das satte Kinn sich gegen die feingeschwungene Linie des Halses absetzt, zum gemeinen Ganskragen ausgestreckt, den Oberleib zum Igel gerollt, die Beine krampfhaft den Triebel tretend, so saust er dahin, der „Gott auf der Maschine".

Mag auch Bein und Fuß in einer Weise arbeiten, die der natürlichen gerade entgegengesetzt ist, mögen die in der eng zusammengepreßten Brust aufs äußerste angestrengten Herz- und Lungenmuskeln schließlich versagen, schwere Herz- und Lungenleiden veranlassen, wenn nur der Gegner um 1/5 Sekunde geschlagen wird! Weil um jeden Preis der Sieg errungen werden muß, wird der Mann zum Maschinenteil, der am besten taugt, wenn er, ohne links noch rechts zu blicken, in gleichförmigem Pendelschwung das Ruder führend, auf seinem Hinterteil hin und her gampt. Es lebe der „Rekord"! Der Mann ist uns „wurscht"! „Wurscht" ist uns auch, ob im freien Spiel der Kräfte sich der Adel reiner Menschheit darstellt, vielleicht sogar gerade recht, wenn hier wie anderwärts der — Affe aufblitzt.

Was hat nun aber solche „Wursthaftigkeit" für Folgen? Darüber kann uns ein zweites Wort aus Schillers Briefen an den Herzog von Augustenburg belehren. „Verjage die Willkür, heißt es dort, die Frivolität, die Rohigkeit aus ihren Vergnügungen, so wirst du sie unvermerkt auch aus ihren Handlungen, endlich aus ihren Gesinnungen verbannen." Wenden wir dieses Wort auch auf unser Stauchballspiel im besonderen an! „Willkürlich" ist es, weil es gegen die natürliche Ordnung verstößt, „frivol", weil diese Ordung der Natur heilig ist, und „roh", weil es nicht nur eine gewisse Rohigkeit des Geschmacks verrät, sondern leicht auch zur Roheit der Gesinnung führt. Gar auch noch „frivol" soll also das Fußballspiel sein? In der That, es wird wohl nicht wenige recht seltsam berühren, wenn hier im Ernst die Frage aufgeworfen wird: Ist es recht, fortgesetzt ohne Not einen Gebrauch von einem Gliede zu machen, zu dem es nun einmal nicht angelegt ist? Mochte eine Zeit, die im Darwinismus die Lösung aller Fragen erblickte, es als den Inbegriff aller Weisheit ansehen, den Zweckbegriff aus der Natur überhaupt zu „eliminieren"! Im deutschen Volksgemüt wie in der deutschen Wissenschaft hat aber doch wohl auch noch der Gedanke der natürlichen Zweckthätigkeit sein Recht, mag man nun deren letzten Grund fassen wie man will. Und dann gilt vielleicht auch noch der Satz: Der Mensch kann und darf die Schöpfung an seinem Leib nicht nach Belieben umkrempeln?

Frivolität und Roheit gehen leicht Hand in Hand. Aber daß das Fußballspiel in besonderer Weise auch noch die Gefahr der Verrohung mit sich führe, wäre im einzelnen erst nachzuweisen. Es kommt bei gesunder Jugend zuweilen vor und ist gewiß noch kein Zeichen von Verderbtheit, wenn bei der Hartnäckigkeit, mit der hier oft den klarsten Gründen Trotz geboten wird, schließlich beide Teile handgreiflich werden.

Leider liegt nun aber die Sache keineswegs so, daß der größeren Kraftentwickelung immer auch das bessere Recht entspräche, und selbst wo das der Fall ist, ist die Geneigtheit, es anzuerkennen, dadurch beim Gegner gewiß nicht größer geworden. Also helfe, was helfen mag! Wozu hat der Junge seit Wochen, Monden, Jahren sich im Stauchballspiel geübt, ja sich im „association" die Hände und Fäuste geradezu verbieten lassen? Unversehens fahren ihm nun seine Stoßbeine — an das Schienbein des Gegners, und aus der Roheit des Geschmacks entspringt die Roheit der Gesinnung!

In meinen Knabenjahren genügte es noch, wenn einer seine Beweisgründe mit Fußstößen zu unterstützen suchte, ihn bei den Kameraden a priori ins Unrecht zu setzen, selbst wenn er recht hatte. So „ungebildet" waren also noch vor etlichen 30 Jahren unsere deutschen Jungen! Das wird ja wohl nun bald von selbst anders werden. Wenn nicht, so wird ihnen der Herr Lehrer des 20. Jahrhunderts eben ex professo ad posteriorem klar machen müssen, daß die Zeiten sich geändert haben. Die argumentatio ad tibiam wird ja dann wohl bald allgemein als das geeignetste Mittel gelten, für seine Sache ein günstiges Vorurteil zu erwecken*).

Das wäre nun ein Beispiel, wie außerhalb des Spieles sich aus dem Spiel höchst unliebsame Folgen ergeben können. Aber auch im Spiele selbst ist die Gefahr der Verrohung nicht gering. Der mit schwerem Schuhzeug bewehrte Fuß — in Lackschuhen spielt man nun einmal nicht Fußball, so wenig wie barfuß — ist keine unbedenkliche Waffe. Nun ließe sich vielleicht durch einen raschen Stoß eine mögliche Niederlage abwenden, ein Erfolg erringen. Aber der Gegner ist schon so nahe, daß er — niemand kann das so sicher wissen — möglicherweise den Stoß abkriegt, der dem Ball zugedacht war. Der Rücksichtsvolle hält nun zurück, weil ihm der mögliche Gewinn durch ein mögliches Unglück zu hoch erkauft erscheint, und das Spiel verliert für ihn an Reiz. Der Rücksichtslose aber stößt zu und ist so doppelt im Vorteil: einmal durch die Zurückhaltung des andern, der einen möglichen Erfolg schwinden läßt, weil ihm der Einsatz zu hoch erscheint, und dann durch die eigene Rücksichtslosigkeit, die auf den Erfolg ausgeht, sei's auch auf die Gefahr hin, den andern tödlich oder doch schwer zu verletzen. Durch beides wird Roheit Trumpf! Und doch ist hier

*) Der neueste „Sport", den sich meine Jungen ausersonnen haben, weil sie bei mir nicht Fußball spielen dürfen, ist, daß sie sich gegenseitig die Hüte und die Mützen in die Höhe stauchen. Auch nicht übel.

noch der günstigste Fall angenommen, daß eine Verletzung des Gegners nicht beabsichtigt wird.

Ein in sich gefestigter Charakter wird nun freilich ohne Einbuße und Gefahr für sich selber sich dem verhängnisvollen Einfluß eines zunächst ästhetisch betrachtet rohen Spieles aussetzen können. Und darin liegt auch die Erklärung für die auffällige Thatsache, daß so viele höchst ehrenwerte Männer sich mit einer Begeisterung und Hingebung, die einer besseren Sache wert wäre, für das Spiel ins Zeug legen. Nun soll aber vor allem die noch schwankende, bildsame, für alles Gute, aber doch wohl mindestens ebenso sehr für alles Böse empfängliche Jugend, soll nicht nur der gegen Verführung gefestigte Teil, sondern überhaupt alles Volk an diesem Spiel teilnehmen, soll es zu einer allgemeinen Volksbelustigung, zu einem volkstümlichen Erholungsmittel werden. Heutzutage nehmen noch hauptsächlich die „besseren" Kreise des Volkes daran teil, wie sie sich selber mit Vorliebe nennen. Sie mögen ja gegen die Versuchungen gewappnet sein, die hinter dem Spiele lauern, sie mögen den Namen verdienen, den sie sich mit solchem Wohlgefallen selbst beilegen. Aber gerade wenn sie die „Besseren" sind, spüren sie denn nicht um so mehr die Verantwortung, die darin liegt, wenn sie ein Spiel, das leicht, das fast notwendig bei derber angelegten Naturen zur Roheit führt, in alles Volk werfen? Oder wissen sie etwa nicht, daß der Kreislauf in allen derartigen Dingen von oben nach unten geht, daß der Chignon, der Reifrock, die Affenstöckel, der Pariser Hintere, die Schinkenärmel bei den Dienstboten Mode werden, wenn die „Herrschaften" ihrer schon wieder überdrüssig geworden sind? Und wollt ihr mit euren Spielen nicht gerade etwas ins Volk werfen, das für jeden gleich anziehend, gleich wertvoll, gleich passend ist? Ist das nicht der Fall, ist das nicht euer Wunsch und klare Absicht, so habe ich die ganze Bewegung, die auf die Wiedererweckung der Jugend- und Volksspiele ausgeht, nicht verstanden. Wenn man aber solche Ziele im Auge hat, so gilt es, doppelt und dreifach vorsichtig zu sein. Wir stehen noch im Anfang der Erscheinung. Das Spiel ist noch nicht so eingebürgert, obwohl bei der Jugend schon weit mehr, als man glaubt. Darum sehen wir dorthin, wo man schon mehr Erfahrungen gesammelt hat.

Die Todesfälle, die durch das Spiel in England allein schon herbeigeführt worden sind, und zwar zumeist „durch Fußtritte an den Unterleib, die Magengrube, gegen das Rückgrat oder gegen den Kopf", zählen allein schon nach Hunderten, wenn nicht nach Tausenden, ganz abgesehen von den übrigen Verletzungen vorübergehender und bleibender

Art. Nach dem „Brit. Med. Journ." ist die Wahrscheinlichkeit eines Unglücks beim Fußball 18mal größer, als wenn man reitet, und 20mal größer, als wenn man „Gymnastik" treibt. Auf den Spielplätzen in Amerika, wo der sportmäßige Betrieb, der auf Sieg um jeden Preis ausgeht, noch stärker ausgebildet ist, ist die Sache noch schlimmer, obwohl die Spieler schon mit ganzen Fußballrüstungen, Gummiringen, Binden, Polstern u. s. w. ausgestattet sind. Kein Wunder, daß hier gegen so „groben Unfug" bereits gesetzgeberische Maßnahmen in Aussicht genommen sind! Und ein solches Spiel soll für unser deutsches Volk wünschenswert, ja notwendig sein?

Nun sagt man zwar, „bei gewissenhafter Aufsicht" oder „von Gebildeten gespielt", oder „wenn der leidenschaftliche, sportartige Betrieb ferngehalten wird", sei das Spiel ganz unbedenklich. Allein liegt denn nicht gerade in solchen Versicherungen und ihren bezeichnenden Einschränkungen ein deutliches Zugeständnis, daß das Spiel wirklich an sich bedenklich ist? Warum bedarf es denn solcher Versicherungen und Vorsichtsmaßregeln nicht bei unseren deutschen Spielen, auch wenn sie noch so „leidenschaftlich" gespielt werden? Und sollen wir diese „Leidenschaft" nur verabscheuen und bekämpfen? Wäre es nicht vielmehr dringend zu wünschen, daß es den deutschen Philister künftig allfeierabendlich mit derselben Leidenschaft zum Turn- und Spielplatz zöge, mit der es ihn heute zur Kneipe zieht? Ist nicht diese Leidenschaft im Spiel etwas echt und allgemein Germanisches, wie wir schon durch Tacitus wissen? Umso weniger gleichgültig ist es daher freilich auch, auf was für ein Ziel sich diese Leidenschaft richtet.

Das Fußballspiel hat nun die Kraft, diese Leidenschaft zu erwecken, weil es reich ist an spannenden Augenblicken, an aufregenden Kampf- und Sturmesscenen. Wieder ein Grund mehr, warum sich gerade etliche der tüchtigsten Naturen dadurch bestechen ließen. Aber es hat auch andererseits jenen Stich ins Widernatürliche, Gemeine, „Weithergeholte", der dazu nötig ist, etwas bei uns in die Mode zu bringen.

Oder ist etwa die verfluchte deutsche Fremdsucht dabei nicht im Spiel? Ei, so sieh ihn doch an, den feuchtohrigen Laffen, wie er mit seinen bunten, frisch aus Albion geholten Flicken und dem breitesten englischen Bulldoggengesicht dem erstaunten Repsbauern sein „half-time" „Full-backs" „scrummage" entgegenfletscht! Wer das mit ansehen muß, dessen Geduld ist „out", er macht einen wütenden „try", den ganzen Fußball-„match" und „matsch" mit einem „Kick" in die Luft zu sprengen.

Aber da kömmt er schön an. Zweimal fünfzehn racheschnaubende Füßepaare setzen sich gegen ihn in Bewegung, um ihn nach allen Regeln dieser hochfeinen „ritterlichen" Kunst über die Malgrenzen hinauszubefördern. Vernunft, Geschmack, Natur unterliegen, und das höhere Trampeltier bleibt Meister der Schlacht und des Feldes. Die angelsächsisch normännische Rasse giebt den Ton an, und wer sich dagegen auflehnt, ist kein guter — Deutscher*).

Nicht als ob wir von dem Fußball und den englischen Spielen überhaupt nichts lernen könnten. Gegen „Kricket" und „Tennis" ist an sich nichts einzuwenden, wenn nur nicht auch hier im Drum und Dran das Affentum sich so widerlich breit machte. Die feinere Ausbildung der Regeln und das hingebende Zusammenspiel hatten ja die englischen Spiele bisher voraus, wenn man auch in ersterer Beziehung des Guten zuviel thun kann. Bereits sind aber auch unsere deutschen Spiele in diesem Sinne bearbeitet und ausgefeilt worden, so das Schlagballspiel ohne Einschenker, der Schleuderball, der Barlauf u. s. w. Vrgl. die Spielregeln, herausgegeben vom technischen Ausschuß zur Förderung der Volks- und Jugendspiele in Deutschland. R. Voigtländers Verlag, Leipzig. Das griechische „Epikyros" oder „Harpaston" ist von Professor Dr. Koch in Braunschweig unter dem Namen „Raffball" in verdienstlicher Weise der Vergessenheit entrissen worden. Wenn aber dieses oder unser Grenball nicht als vollgültiger Ersatz für das anerkannt werden sollte, was an dem Fußballspiel gut ist, so müßte es doch seltsam zugehen, wenn sich nicht auf Grund der letztgenannten unter Beiziehung meinethalb auch gewisser Regeln des Fußballs ein Kampfspiel ersinnen ließe, das allen Anforderungen genügt. Vielleicht ließe sich dazu ein Ball verwenden, der ebensowohl geschockt, wie gestoßen, wie mit der Faust geschlagen werden könnte. Unvergessen aber bleibe ein drittes Wort aus Schillers Briefen über die ästhetische Erziehung des Menschen: „Die wirklich vorhandene Schönheit ist des wirklich vorhandenen Spieltriebs wert; aber durch das Ideal der Schönheit, welches die Vernunft aufstellt, ist auch ein Ideal des Spieltriebs aufgegeben, das der Mensch in allen seinen Spielen vor Augen haben soll."

Jedenfalls läßt sich auch ohne Stauchballspiel vortrefflich auskommen. Die Griechen hatten keinen Fußball, und waren doch Meister

*) Wer ein solches Kauderwelsch wie das hier oder weiter oben angezogene in deutschem Mund für unmöglich hält, der werfe, wenn er nicht einen unserer Sportplätze besuchen kann, einen Blick in eine unserer Sportzeitungen! Man glaubt sich in die Zeit des tiefsten Niedergangs des deutschen Geistes in und nach dem dreißigjährigen Krieg versetzt.

in jeglicher Leibesübung. Die alten Deutschen wußten nichts vom Fußball und blieben doch hinter keinem in Lauf und Sprung zurück. Das ist freilich kein Beweis gegen den Fußball, aber doch ein Beweis dafür, daß man ihn entbehren kann, wenn gewichtige Gründe gegen ihn sprechen. Oder ist der Grundsatz bereits veraltet, daß für unsere Jugend das Beste gerade gut genug sei? Darum überlassen wir es den Rhodes, Stauchballplätze einzuweihen, und den Jameson, die klaren Rechte und Freiheiten anderer mit Füßen zu treten! Wir dürsten nicht nach solcher Heldenerziehung.

Die „Tumbheit“ unserer Kinderjahre ist für immer verschwunden. Wir haben das Schwert führen gelernt, und wie wir die staatliche Einheit errungen haben, so sind wir jetzt in heißem Kampf begriffen, die Klassengegensätze zu überwinden, damit auf freiem Grund ein freies Volk erstehe. Das steigende Interesse für die leibliche Volkserziehung liegt in derselben Richtung. Aber wahrlich nicht überflüssig ist die Mahnung, daß alle diese Errungenschaften und Ziele nichts taugen, wenn sie nicht die unverrückbare Grundlage bilden für einen Bau der Geister, dessen Grundlinien unsere Dichter und Denker gezogen haben, noch ehe wir „praktisch“ wurden. Dem geschärften Blick des Staatsmannes und Erziehers darf nichts, was dieser Aufgabe dienen kann, zu geringfügig, zu untergeordnet erscheinen, am allerwenigsten die Spiele der Jugend.

Darum, du deutsches Volk, das du heute mit dem Schweiß deines Angesichtes den Boden düngst, aus dem dir eine Saat des Rechtes und der menschlich hohen Gesittung ersprießen soll, die Augen auf, damit dir nicht irgend ein liebreicher Nachbar oder die eigene ungeschickte Hand das Unkraut unter den Weizen mische! Wer sich aber durch das üppigere Wachstum des einen, die Unscheinbarkeit und langsame Entwicklung des andern täuschen läßt, der mache die Erfahrung, die er vermeiden konnte: daß es nämlich Nesseln giebt, die wie spanischer Pfeffer brennen.

Nachwort.

Vorliegende kleine Arbeit ist zuerst in gekürzter Form in der „Rundschau" der „Deutschen Zeitung" Nr. 8 und 10 dieses Jahres erschienen. Mißverständnisse, die sich daran knüpften, sowie der Umstand, daß einige Punkte nicht zu der Geltung kamen, die ihnen der Verfasser wünschte, haben ihn dazu bestimmt, den Aufsatz möglichst in der ursprünglichen Form noch dem öffentlichen Urteil zu unterbreiten. Vrgl. dazu auch meine Auseinandersetzung mit Herrn Dr. E. Witte in der „Deutschen Turnzeitung" d. J. Nr. 11. Es ist die Frage aufgeworfen worden, was denn nun eigentlich an die Stelle des Fußballspiels und des hier angegriffenen englischen Sportbetriebes treten solle. Soweit die Antwort auf diese Frage nicht schon im Vorhergehenden enthalten ist, sei hierauf nur die Gegenfrage erlaubt: Haben wir denn unsere uralte deutsche Volksgymnastik gänzlich vergessen? Schon unser Fr. A. Lange, (zugleich einer der ersten, der die Bedeutung O. H. Jägers erkannte), hat in seinen „Leibesübungen", Gotha 1863, darauf hingewiesen, daß wir in unserem Nibelungenliede noch deutlich einen deutschen Fünfkampf, bestehend in Lauf, Speerwurf, Weitsprung, Steinwurf, Ringkampf, erkennen können, der zu dem griechischen Pentathlon ein merkwürdiges und lehrreiches Gegenstück bildet. Und sind von dieser Fünfkampfgymnastik nicht noch am deutschen Meeresstrand wie in unsern Bergen, im „Rangeln", „Schwingen", „Steinstoßen", „Fischerstechen" u. s. f. deutlich erkennbare Spuren übrig geblieben? Oder bietet nicht auch schon unser heutiges Turnen bei allen Mängeln Ansätze des Guten gerade genug? Es sollte doch nicht erst gesagt werden müssen, daß Aeußerungen, wie die hier als Einlage gegebene kurze Umrißzeichnung der bisherigen Entwicklung unseres Turnwesens, mit dem bekannten Körnchen Salz zu verstehen sind. Wenn nur unsere Kunstturnerei — nicht einen so breiten Raum einnähme? O nein, so bescheiden sind wir nicht: erst vollends gänzlich abgewirtschaftet hätte! Was hier aber unter „Kunstturnerei" zu verstehen ist, darüber sei der gen. Leser auf die im Jahr 1892 bei A. Bonz u. Co. in Stuttgart erschienene Schrift: „Turnkunst und Kunstturnerei oder über den letzten Zweck und Sinn einer gymnastischen Volkserziehung" verwiesen.

Wie lange wollen wir noch hohlen Götzen nachlaufen? Wozu Gutsmuts und Jahn den Grund gelegt haben, das ist von Jäger in gewissem Sinn vollendet worden. Jedenfalls darf keiner hoffen, weder in turnkünstlerischer noch in turnwissenschaftlicher Beziehung einen Schritt weiter zu kommen, der nicht Jäger gründlich in sich aufgenommen hat. Und dabei sieht man noch in seinen „Eisenstabübungen" im Stehen „das Eigenste und Bedeutsamste an seinem Lebenswerke"! Als ob nicht gerade diese Uebungen — ich weiß, was ich sage — das verhältnismäßig Untergeordnetste und am ehesten noch Entbehrliche wären! Seine Last- und Ernstkampfstellungen hat er — er hat daraus nie ein Hehl gemacht — aus der Vertiefung in die Ueberreste griechischer Bildnerkunst, vor allem der Bildwerke des Tempels von Phigalia gewonnen. Das Verdienst, sie entdeckt und einer tiefer gründenden Turnschulung dienstbar gemacht zu haben, wird ihm dadurch nicht geschmälert. Man vergißt aber bei solcher Anschauung erst noch neben dem Stab als Gang-, Lauf- und besonders Sprungwaffe die wichtigste aller Jägerschen Eisenstabübungen, den Zielwurf mit dem Eisenstab! Ist nicht euer Gerwurf dagegen das reinste Kinderspiel? Versucht ihn nur einmal, ihr Turner, aber laßt euch dabei, wenn ihr gescheit seid, von Jäger belehren! Hier habt ihr eine ureigen deutsche und dabei, wie alles Gediegene, schlicht schöne Schöpfung. Endlich das erst alles noch in seiner Heimat Schwaben, wo man den Mann bisher noch am besten kannte! Doch schon scheint sich das Verhältnis umzukehren. Im Norden ist man schon länger aufmerksam geworden. Zeuge dafür besonders der Aufsatz Johannes Vollerts in der „Zeitschrift für Turnen und Jugendspiel", 6. Jahrgang Nr. 14 und 15, „Zur Würdigung Jägers".

Allein alle die Fortschritte, die die deutsche Turnkunst Jäger im einzelnen verdankt, sind überhaupt noch verhältnismäßig untergeordnet, so weittragend sie zum Teil auch sind. So ist, um nur noch ein Beispiel herauszugreifen, die Schrittschule Jägers kaum dem Namen nach bekannt, und doch ist sie — ich biete allen Generalen der Infanterie Trotz — selbst der unseres Kriegsheeres überlegen. Die wahre Größe des Mannes beruht aber vielmehr auf der Kraft, mit der er den Grundbegriff einer modernen Gymnastik im Verhältnis zur altgriechischen in christlich geläutertem Geist und mit den Mitteln einer fortgeschrittenen Wissenschaft erfaßte und in allen Einzelfragen durch die Versuchungen und Anfechtungen eines kampf- und entsagungsvollen Lebens durchführte. Die Jägersche Gymnastik ist nicht eine bloß äußerliche Kunstübung, sondern zugleich gymnastische Lebensauffassung und Lebensdurchdringung. Sie ist (ich suche vergebens nach einem weniger mißverständlichen und doch auch wieder so allgemein verständlichen Ausdruck) durch und durch religiös. Ob das nun freilich heutzutage eine Empfehlung ist?

Zur Einführung in das Werk des Mannes sei der deutschen Jugend noch immer seine Erstlingsschrift: „Die Gymnastik der Hellenen in ihrem Einfluß aufs gesamte Altertum und ihre Bedeutung für die deutsche Gegenwart", Eßlingen 1850 und 1857, empfohlen. An dieser Schrift lerne sie, die oft schon so müde, was Feuer, was Jugend heißt, mag auch hier bei aller Versenkung in das geschichtliche Problem gerade vom Standpunkt rein geschichtlicher Forschung aus das Bild der griechischen Gymnastik als durch das eigene Ideal vielleicht zu sehr verklärt erscheinen! Das Hauptwerk seiner Mannesjahre aber bleibt die „Neue Turnschule", Stuttgart A. Bonz u. Comp. 1876, 3. Aufl. 1891. Es giebt hier zum Teil harte Nüsse zu knacken, aber die Früchte sind kernig, schmackhaft und gesund.

Karl Planck
FUSSLÜMMELEI

„Podoböotismus!“[1] Dieser einst von einem groben Schwaben, unserem Fr. Th. Vischer[2], geprägte Ausdruck würde das, was der Verfasser mit dem Vorliegenden treffen will, wohl am besten bezeichnen. Das Wort hätte zudem den Vorteil, daß seine fremdländische Form die Pille, die er als ungebetener und ungerufener Arzt unserem Volkskörper gewissermaßen als Gegengift verschreiben zu müssen glaubt, annehmbar verzuckerte. Aber es kann nun einmal nur von dem ohne weiteres verstanden werden, der über ein gewisses Maß gelehrter Bildung verfügt, und ich möchte wirklich von jedermann verstanden werden. Darum schreibe ich ehrlich, wenn auch sackgrob, deutsch: „Fußlümmelei“.

Unter selbigem Wort aber hatte jener Schwabe eine besondere Art der „Fußflegelei“ verstanden. Er meinte damit die leibliche Gewohnheit mancher Reisender, besonders aber reisender Englishmen[3], ihre wohlbeschuhten Gangwerkzeuge sogar auf die gepolsterten Bänke der zweiten Eisenbahnwagenklasse zu legen und so die Kleider ihrer glücklichen Fahrtgenossen mit echter Stiefelwichse oder frischangemachtem Straßenkot zu bedrohen. Jetzt erst, nach Jahren, ist es mir klar geworden, warum diese Edlen ihre ja an sich gewiß sehr schätzenswerten unteren Gliedmaßen so hoch schätzen zu müssen glaubten, daß sie ihnen den Platz zudachten, der nach der Ansicht sämtlicher europäischer und außereuropäischer Eisenbahnverwaltungen wie deren Kunden einem ganz anderen Körperteile zukommt. Oder hatten nicht erst sämtliche englisch-amerikanischen Zeitungen und Zeitschriften ihren Ruhm als den der Blüte ihres Volkes aller Welt verkündigt? Und wem anders hatten sie diese Auszeichnung zu verdanken, als der Meisterschaft, mit der sie im jüngsten Fußball-„match“[4] ihre natürlichen Stoßwerkzeuge, wenn der kühne Ausdruck erlaubt ist, gehandhabt hatten!

Doch im Ernst, worüber könnte man sich mehr freuen, als wenn jenes mit Unrecht verachtete, jahrhundertelang mißhandelte und doch nicht nur so zweckmäßige, sondern auch in seiner unverdorbenen, unverkrüppelten Gestalt so wahrhaft schöne Glied wieder zu der Ehre käme, die es seit den Tagen des Phayllus[5] und des Phidias[6] fast ausnahmslos entbehrt? Aber soll es dies deswegen, weil es mit den Hauern des Wildschweins, mit den Hörnern des Auerochsen, mit dem Nashorn des afrikanischen Untiers, das mit Negerleibern Fangball spielt, erfolgreich den Wettkampf aufnimmt?

Freilich geschieht das ja nur spielweise, und darum wird mancher zunächst kaum verstehen, wie man sich darob ernstlich ereifern mag. Indessen wer so denkt, wird in seiner Sicherheit vielleicht doch etwas irre, wenn er sich der Worte Schillers erinnert, der im 15. seiner „Briefe über die ästhetische Erziehung des Menschen" also schreibt: „Man wird niemals irren, wenn man das Schönheitsideal eines Menschen auf dem nämlichen Wege sucht, auf dem er seinen Spieltrieb befriedigt."

So? Und wenn nun das richtig ist, wo wäre denn dann das Schönheitsideal unserer Fußballhelden und -schwärmer zu finden? Doch wohl in der Bethätigungsform, die dem Spiel seinen Namen gegeben, die aber der Sprachsinn des Volkes wenigstens bei uns im Süden weit feinfühliger herausgefunden und weit treffender bezeichnet hat, wenn er vom „Stauchballspiel" redet. Das Stauchen, der Fußtritt, der ganz gemeine „Hundstritt" ist es ja, der hier den Ausschlag gibt! Er ist es, der bald stärker, bald schwächer, bald in die Höhe, bald in die Weite, sei's mit der möglichsten Wucht, sei's mit der möglichsten Schärfe aufs Ziel geführt, das Spiel entscheidet, den Sieg gewinnt. Was bedeutet aber der Fußtritt in aller Welt? Doch wohl, daß der Gegenstand, die Person nicht wert sei, daß man auch nur die Hand um ihretwillen rührte. Er ist ein Zeichen der Wegwerfung, der Geringschätzung, der Verachtung, des Ekels, des Abscheus. So wurde und wird er immer und überall verstanden, wenn er ohne Not angewendet wird. Wer's nicht glaubt, kann ja in Betschuanaland[7], in Hinterindien oder bei den Botokuden[8] die Probe darauf machen. Der Lappländer wäre gewiß erst zu finden, der einen Fußstoß ans Schienbein für eine Schmeichelei und einen Tritt unters Gesäß für eine Ehrenbezeugung hielte. Und nun eine solche Bethätigungsform planmäßig, schulmäßig, selbst aus höheren Gründen der Geschmacks- und Willensbildung zum Gegenstand der Lieblingserholung, ja der ernsteren Leibes- und Geisteserziehung zu machen, – in der That, ist das nicht recht eigentümlich?

Zunächst ist jede Bewegung ja schon, auf die bloße Form hin angesehen, häßlich. Das Einsinken des Standbeins[9] ins Knie, die Wölbung des Schnitzbuckels, das tierische Vorstrecken des Kinns erniedrigt den Menschen zum Affen, selbst wenn die Haltung nicht den Grad abstoßender Häßlichkeit erreicht, den uns unser

Titelbild versinnlicht.[I] Noch ein Tupf mit dem kleinen Finger der Linken, und das prächtige Gebilde stürzt rücklings zu Boden oder kollert in kläglichen Sprüngen dahin, um sich auf den Beinen zu erhalten. Welcher Bildhauer würde sich von einer solchen Erscheinung zu künstlerischer Darstellung begeistern lassen? Und selbst der Zeichner und Maler, der um des scharf Kennzeichnenden willen auch das Häßliche und Abstoßende nicht scheut, wird sich doch sehr besinnen, ehe er eine so häßliche Gebärde wiedergibt, sei's daß er die Person entsprechend kennzeichnen, sei's daß er eine komisch-satirische Wirkung erzielen will oder dergleichen.

Aber das Spiel hat doch daneben, schon rein formell betrachtet, seine großen Vorzüge! Es wird ja nicht bloß gestoßen, sondern um den Stoß erst tüchtig gelaufen und wenigstens beim Spiel mit Aufnahme[10] des Balls vielfach auch noch tüchtig gerungen! Gewiß, aber dabei bleibt es doch nichtsdestoweniger bestehen, daß die letzte Entscheidung durch die größere Fertigkeit im Stauchen herbeigeführt wird und daß alle die ansprechenden und herzerfreuenden Bilder, die der Lauf- und Ringkampf bieten mag, immer wieder jäh durch die liebliche Erscheinung des Hundstritts unterbrochen werden! Mag man sich durch jene noch so angeregt, erbaut, erhoben fühlen, so wird man doch durch diese immer wieder geärgert, erzürnt, beleidigt.

Es läßt sich nun eben einmal die Frage nicht unterdrücken: Verdient denn der Gegenstand, der hier so herumgepufft, geknufft und gestoßen wird, eigentlich eine solche Behandlung? Es kommt ja manchmal vor, daß ich einen Gegenstand, der mir ungeschickt in die Quere kommt, mit dem Fuße wegschieben oder wegpuffen muß. Das hat dann aber seinen Grund darin, daß ich die Hand nicht frei habe oder mich zu beschädigen oder zu beschmutzen fürchten muß. Einen eigentlichen Hundstritt werde ich aber selbst dann aus guten Gründen kaum anwenden. Gilt aber der Hundstritt einem schofeln[11] „Subjekt"[12], so vergißt man über der Gemeinheit des „Subjekts" allenfalls, daß die Bewegung, die ihm gilt, eigentlich selbst auch schofel ist. Doch überläßt man auch in dem Fall die Ausführung lieber dem dafür bezahlten Hausknecht oder vollzieht man sie nur moralisch. Ein „Objekt"[13] dagegen ist überhaupt nie so gemein, daß es eine solche Behandlung verdiente, und die Gemeinheit bleibt schließlich am „behandelnden" „Subjekt" hängen. Und das ist nun allerdings meine Ansicht über das

Fußballspiel: Die unterscheidende Bewegungsform des Spieles ist an sich gemein.

Nein, das ist doch zu stark! Lümmelhaft, gemein soll das sein, was wir in der schönsten besten Absicht zum Heil und Wohl unseres Volkes übten und empfahlen? Doch bitte, wer sagt denn das eigentlich? Doch nur ein einzelner Mann, und wenn es nicht wahr ist, braucht es ja niemand sonst zu glauben. Ich habe nun einmal das Gefühl, daß die spielförmige, erzieherisch planmäßige Schulung des Hundstritts nicht nur einen schlechten Geschmack verrate, sondern auch schließlich verrohen müsse, während die Gegner zum mindesten in dem Spiel als Ganzen nicht nur ein vortreffliches Bildungsmittel für den Leib erblicken, sondern auch eine Veredlung des Geschmacks und der Sitte davon erwarten. Würden sie es anders empfehlen? Wer hat nun recht?

Es soll, obwohl sich das übrigens für den Vernünftigen von selbst versteht, hier noch ausdrücklich erklärt sein, daß mein Vorwurf sich nicht etwa gegen die Person der einzelnen Fußballspieler und -verteidiger, die mir ja zum Teil selbst bekannt, lieb und wert, ja hochgeschätzt sind, richtet. Vielmehr kann hier nur gesagt sein wollen – ich wiederhole es –, daß das Spiel als solches etwas Lümmelhaftes und Gemeines an sich habe. Andererseits kann und soll allerdings auch nicht geleugnet werden, daß, wer das Spiel empfiehlt und fördert, damit eine gewisse Verantwortung übernimmt. Ich muß nun zugeben, daß mir das Lümmelhafte und Gemeine an dem Spiel einst selber nicht auffiel, oder meinetwegen, wenn die Sache durchaus so gewendet sein muß, mein Geschmack damals selber lümmelhaft und gemein war. Man wird unter solchen Umständen umsoweniger an der Aufrichtigkeit derjenigen meiner Ausführungen zweifeln dürfen, die die Thatsache erklären sollen, daß so viele in Sachen des Geschmacks und der Erziehung durchaus urteilsfähige Männer sich zum Teil mit einem wahren Feuereifer für das Spiel ins Zeug werfen. Spreche ich doch hier gewissermaßen in eigener Sache.

Wie war das nun aber so gekommen? Mein erstes Urteil war mehr aus einer wenn auch eingehenden theoretischen Beschäftigung mit dem Spiele hervorgegangen, als aus praktischer Bekanntschaft, wenn auch letztere keineswegs vollständig fehlte. Obwohl ich nun aber damals wenigstens das Fußballspiel mit Aufnehmen des Balls warm empfehlen zu können glaubte, so hielt mich doch von Anfang an ein Etwas zurück, mich selbst an dem Spiel zu beteiligen oder die mir anvertraute Jugend dazu anzuleiten. Dieses Etwas steigerte sich schließlich durch tägliche Erfahrung und Anschauung zu dem schon hinlänglich gekennzeichneten Gefühl der Abneigung und des Ekels, worin ich mich vollständig mit dem Urteil meines ehemaligen Lehreres, Professors Dr. O.H. Jäger,[14] berührte, den ich in Fragen der gymnastischen Volkserziehung noch immer für den Berufensten unter den dermalen Lebenden halte. Jene Erfahrung aber bestand insbesondere darin, daß ich Tag für Tag mit ansehen mußte, wie unsere liebe Jugend selbst auf engstem Raume, wo ein regelrechtes Fußballspiel mit scharfer Laufbewegung gänzlich ausgeschlossen war, sich stundenlang und unermüdlich damit vergnügte, sich den Ball, je häßlicher, desto lieber, zuzustauchen. Das war es also, was unsere Jungen an dem Spiel so unbändig freute? Längst ist ja der Handball völlig aus der Mode gekommen. Zu haben ist er ja freilich noch, aber wer möchte so zurückgeblieben erscheinen, daß er ihn – man höre und staune – mit den Händen würfe und finge! Knirpse, kaum ihre drei Käselaibe hoch, kaum im stande sich auf ihren zwei Beinchen ordentlich aufrecht zu erhalten, „kicken“ dir schon an allen Ecken und Enden, kunstgerecht auf einem Bein sich wiegend, mit erstaunlicher Fertigkeit ihren Stauchball ins Gesicht. Fehlte nur noch, daß auch die Mädchen die liebliche Gewohnheit annähmen! Fußballcancan![15] Nun, wenn ihn nicht fin de siecle[16] uns noch bringt, so –. Übrigens hat man schon jetzt manchmal die Empfindung, als ob alle Welt von ihm besessen wäre.

Unser „tintenklecksendes Säkulum“[17] hat auch auf dem Gebiet der Leibesübungen Dinge gezeitigt, die zu dem Lächerlichsten und Abgeschmacktesten gehören, was schreibselige Gedankenlosigkeit je hervorgebracht hat. Hätte aber vor etlichen Jahrzehnten noch ein solcher biederer Turnmeister in allem Ernst die Forderung gestellt, auch der Hundstritt müsse kunstgerecht geübt und der Sieger darin mit hohen Preisen ausgezeichnet werden, man hätte den Guten wohl ohne viele Umstände einfach ins Irrenhaus gesteckt. Kommt nun aber so ein Engländer daher, in dessen Gesicht jede Fiber nach „boxing“ und jede Ader nach „kicking“ schreit, so ist das, was eben noch närrisch schien, „wounderful,[18] marvellous,[19] prodigious“[20] und wird flugs „importiert“. Längst schon ist es bei unsern Fußballklubs üblich geworden, besondere

Wettspiele im „Fußballweit- und -zielstoßen" vorzunehmen.[II] Nachdem die deutsche Turnerschaft,[22] dem Zug der Zeit folgend, den Fußball unter ihre Wettspiele[23] gleichfalls aufgenommen hat, ist es nur folgerichtig, wenn auch das „Fußballweit- und -zielstoßen unter die „volkstümlichen" Wettübungen[24] aufgenommen werden soll. Hörst du wohl? Unter die „volkstümlichen" Übungen soll es aufgenommen werden. So sicher fühlt man sich also schon in der Wertschätzung dieses „Bildungsmittels", daß es mir nichts dir nichts unserem „Volkstum" eingeimpft werden soll. Da wollen wir denn doch auch noch ein Wort mitsprechen.

Unsereiner erlaubt sich also nicht nur diese Errungenschaft englischen Aftersports, sondern auch das Fußballspiel selbst nicht nur gemein, sondern auch lächerlich, häßlich und widernatürlich zu finden. Am allerunnatürlichsten ist das ob seiner angeblich geringeren Gefährlichkeit vielgepriesene und bei uns fast allein geübte Fußballspiel ohne Aufheben[25] des Balls, deutsch: „association"[26]. Sieh, dort stäubt er dahin, der rüstige Jüngling, den Rückgrat hohl aufgerichtet, die Lungen wie in mächtigem Flügelschlag rührend. Die Haare flattern ihm um die Stirn, und tosend fächeln die Lüfte ihm Kühlung. Jetzt ist er dem Ball nahe, im nächsten Augenblick wird er ihn fassen, ihn hochher über die jubelnden Freunde schwingen und wie zuvor im „fleißigen" Schwung der Füße, so nun im kraftvollen Stoß der Arme und Hände die Herrlichkeit der Schöpfung verkünden. O, du Träumer! Du wandelst nicht auf griechischer Erde und auch nicht in jenem Deutschland, das da kommen wird und muß! Du gehst und stehst auf anglisiert[27] deutschem Boden zu Anfang des „Neuen Reichs". Wo du dich freuen möchtest, wirst du geärgert, wo du achten möchtest, wirst du zurückgestoßen, wo du zwar nicht die Erhabene, aber doch die anmutig Milde von Angesicht zu Angesicht zu schauen erwartest, grinst dir die Fratze und streckt dir die Zunge entgegen.

Wohl ist es gnädigst noch gestattet, den gestauchten Ball mit beiden Händen aus der Luft zu fassen,[III] oder ihn mit dem Kopfe aufzufangen. Wo bleibt denn aber da die Folgerichtigkeit? Warum denn nicht lieber gleich die Vorschrift, daß der Ball in der Luft nur mit beiden Füßen zumal gefaßt werden darf? Das wäre erst der wahre Sieg über die einfältige Natur! Laßt euch doch lieber beide Arme abhacken oder mit Lederriemen doppelt und dreifach an den Leib schnüren! Sie sind ja doch nur eine stete Versuchung bei eurem wundersamen Spiel! Und dann: Läge es eigentlich nicht ganz im Zug des Spieles, wenn den Teilnehmern auch noch der Kopf abgesprochen würde? Der Mensch wäre dann nur noch ein ungeheurer Stiefel. Oder sollte etwa mit jener Regel zart angedeutet sein, daß, wer an dem Spiele teilnehmen wolle, zwar nicht gerade auf den Kopf gefallen sein, aber doch sich etwas auf den Kopf fallen lassen müsse?

Die Unnatur eines solchen Spielgeschmacks bildet nun ein merkwürdiges Gegenstück zu einer leider ursprünglich wirklich deutschen Erscheinung, die bei all ihrer Verschiedenheit doch einen gewissen inneren Zusammenhang mit jener verrät. Machten nämlich die Herren Britten in ihrem Stauchballspiel selbstherrlich grundumschöpferisch den Fuß zur Hand, so hatten ja schon umgekehrt unsere Turngrößen den Arm zum Bein gemacht. Es fehlte jetzt nur noch, daß beides vereinigt wurde. Und wichtig: Diese Tausendkünstler brachten auch das noch fertig. Namens der höchsten Menschenbildung liefen sie nun auf deutsch kopfuntersich, fußobsich auf den Händen und spielten auf englisch mit den Füßen Ball. Nur allerdings annoch bloß nacheinander und nicht gleichzeitig. Man muß dem folgenden Jahrhundert doch auch noch etwa übrig lassen.

Es scheint schon ein eigener Unstern über unserem Turnwesen zu walten. Die günstigste Auffassung ist dabei noch die, daß wir erst alle erdenklichen Verkehrtheiten bis auf den Grund auszukosten bestimmt sind, um sie künftig desto besser vermeiden zu können. Wer bei diesem Probeessen nicht mitthun will, muß sich dann freilich als Eigenbrötler verschreien lassen. Der Ursprung des deutschen Turnens am Anfang dieses Jahrhunderts war den damaligen Umständen entsprechend noch recht gesund. Die kernhaft gediegene, wenn auch knorrige Natur Jahns[29] gab ihm zunächst ihr Gepräge. In seinem rühmlichen Eifer um die bedrohte Deutschheit war er nur leider zu schwach gegenüber der Erfindungsseligkeit der eigenen Genossen und ließ Dinge als ureigen deutsch hingehen, die bis dahin kein deutscher Mann geübt hatte. Doch das konnte sich ja mit der Zeit abschleifen. Seine Schöpfung glich so anfangs einem munteren Eichhorn, das vorzüglich klettert, zuweilen aber doch auch nach Menschenart auf den flachen Erdboden herunterkommt und pfeilgeschwind über die Waldblössen setzt. Das Tierchen verkratzte dem bösen Franzosen ordentlich das Gesicht, und das war damals ganz recht. Nun sollte aber das Tierchen auch „gebildet", erzogen werden. Was, hieß es da, das läuft ja nur in Wald und Feld herum! Das paßt ja gar nicht in unsere Menagerie! Nach langer Beratung und vielem Argwohn ward es aber endlich doch eingefangen, an den Krallen sorgsam beschnitten und in ein – Schulfach gesteckt. Für die verlorene Freiheit durfte es „Freiübungen" machen, auch je zuweilen nach einer schönen Wanderweise den Herrschaften zur Aufwartung einen Reigen vortanzen. So ward das Tierchen zahm, wirklich schulzahm, nur wollte es leider gar nicht wachsen. Doch das erstarkende deutsche Volksbewußtsein kam ihm zu statten, und unter Anwendung von leider nur allzuviel Bier, großen und kleinen Turnfesten, wuchs es heran zu einem stattlichen, braunen Bären. So kam das Jahr 1870. Die Franzosen bekamen abermals eines auf's Dach, und der Bär hielt sich recht wacker. Doch der Sieger ist galant, und in Sachen des Geschmacks waren ihm halter die Herren Besiegten doch noch über. Der Franzose spielte auf, der Bär warf sich auf seine Vorderbeine und präsentierte sich im Hochstand, strahlend in bengalisch magnetisch elektrischem Lichtgranz, in Marmorgruppen, Pyramiden theatralisch, famos! Da drehte sich der Wind etwas nach Nordwest. Der Bär erinnerte sich, daß er ursprünglich doch einmal im Freien gelebt. Er nahm den deutschen Namen „Sport" an, setzte sich eine dito[30] Mütze auf den Kopf, warf sich urplötzlich wieder auf seine Hinterbeine, ja stand auf einem Bein trotz einer Gans und spielte flottweg „football". Aber wozu hatte ihm die Natur vier äußere Gliedmaßen verliehen, die Kultur aber ihrerseits ihn in zwölfjährigem Bildungsgang „ansäßig" gemacht? Also hinauf auf das Rad, „Bicycle"[31] deutsch genannt, im Vierhändertum die Brust zusammengepreßt, und mit dem schönsten Schnitzbuckel der Welt dem Teufel zugeritten! Wer wird heutzutag noch gehen oder laufen![IV] Wie unmodern! How little zeitgemäß! How unfashionable![32] Cricket matches![33] Tennis tournaments![34] And oh! last not least: Rowing, Rowing! Juniors! Seniors! We must have challenge cups, first prizes and so on![35] Also setzte er sich – welches Glück! – abermals auf seine lieben vier Buchstaben, gampte[36] in Gondeln, tollte in Döllenbooten,[37] verschaffte sich gigs[38] und allerlei Gigerlzeug[39], hip, hip, hurrah!

Da schlag doch gleich das Wetter drein! Müßt ihr denn immer und überall die gehorsamen Affen des Auslands bleiben, im pas de deux tanzen, wenn auch der Franzmann vorgeigt, oder nach dem schottischen Dudelsack, während euch der schlaue Gentleman in Afrika und anderwärts den Bärenpelz über die Ohren zieht! Warum bleibt ihr nicht bei eurem deutschen Stehruder, standrecht im Gleichgewichtskampf auf schwankendem Grund, „selbständig", zielscharf auch im Verein der Genossen wie die hallischen Halloren [40], die Ulmer Fischer, ja selbst die Sennerin auf den deutschen Seen es euch noch heute weisen? Habt ihr denn nicht genug an eurem Schwungball[42] mit und Stoßball[43] ohne Riemen? Muß er denn wirklich hohl, und wenn hohl, mit dem Fuß gestaucht, statt mit der Hand geschlagen sein? Aber nein, wir müssen unsere Rosse erst anglisieren,[44] unseren Feuerwein erst gallisieren[45] lassen, womit bewiesen wir denn sonst unsere Deutschheit!

Doch der Fußball ist ja ursprünglich deutsch und sogar klassisch! So versichern uns englische Gelehrte. Und in der That, wer würde nicht die Waffen strecken, wenn ihm mit dem größten Aufwand von Gelehrsamkeit nachgewiesen wird, wie jenes Ballspiel, das die Spartaner, die anerkannten Meister griechischer Gymnastik, unter dem Namen „Episkyros" u.a. mit so großem Eifer trieben, ganz und gar das englische „football" gewesen sei? Ja, mit dem Unterschied, daß dieses Fußballspiel mit der – Hand gespielt wurde! Man ruft mir zu: „Seneca epist. 80"![46] Aus Anlaß des ungeheuren Lärms, der vom „Ballkampf" im nahen Zirkus herüberdröhnt, beklagt sich hier dieser „Spartaner" des ersten Jahrhunderts nach Christus darüber, wie viele ihren Körper üben und wie wenige ihren Geist. „Wie schwachen Geistes sind die, deren Arme und Schultern wir bewundern! Am meisten beschäftigt mich der Gedanke: wenn der Körper es durch Übung zu der Ausdauer bringen kann, daß er Faustschläge und Fußtritte von mehr als einem Gegner aushält, wie viel leichter könnte er seinem Geist die Festigkeit geben, die Schläge des Schicksals ungebeugt zu empfangen oder, zu Boden geworfen und niedergetreten, sich wieder aufzurichten." Zweifellos ist das nun eine Anspielung auf die Faustschläge und Fußtritte, die es im Ballkampf „sphaeromachia"[47] setzt. Folgt denn aber daraus, daß auch der Ball getreten wurde, daß dies zum Wesen des Spiels gehörte? Der lateinische Ausdruck „calcibus“[48] wiese zunächst auf Verletzungen hin, wie sie durch das Hintenaufschlagen der Fersen im Laufe oder durch zufälliges Auftreten auf die Füße der Spielgenossen entstehen konnten. Allein da die gleichzeitig erwähnten „Faustschläge“ ganz sicher beabsichtigt waren, so waren es wohl auch die Fußtritte, nur galten sie nicht dem Ball, sondern unmittelbar dem Gegner, um ihn abzutreiben. Man bedenke auch: jene Spiele wurden von den Spartanern vollständig nackt und jedenfalls barfuß ausgeführt. Bei förmlichem Fußballspiel konnte man sich also die Zehen bis zu völliger Marschunfähigkeit verstauchen. So thöricht waren aber auch die Spartaner sicher nicht, und auch nicht so widernatürlich, nur damit die Herren Engländer für ihren Stauchball einen „klassischen“ Vorgang hätten. Übrigens klassich hin, klassisch her! Selbst wenn die Griechen Fußball gespielt hätten, so müßten wir es ihnen eben zu dem übrigen kreiden, was nicht war, wie es sein sollte.

Doch das Spiel soll als „giuoco del calcio“[49] im 16. Jahrhundert von Italien nach Deutschland und von da nach England gewandert sein. Mag sein! Hoffentlich folgt aber daraus nicht, daß wir nun den Wechselbalg auch als unser Kind ansehen müßten. Denn wenn wir alle Tollheiten und Verkehrtheiten, die bei uns schon einmal Eingang gefunden haben, nun auch jederzeit auf Lager zu halten verpflichtet würden, so würde unser liebes Deutschland in Kürze das europäische Narrenhaus werden. Eine gewisse Veranlagung dafür will ich ja uns Deutschen nicht absprechen. Wenn aber im 16. Jahrhundert wirklich in Italien das Fußballspiel gespielt wurde, so ist es allerdings nicht unwahrscheinlich, daß es ein Erbstück vom Rom der Cäsaren war, eine leicht erklärliche Entartung des edleren griechischen „Episkyros“ oder „Harpaston“. Das welterobernde Rom und das länderverschluckende England! Das stimmt!

So also ging es mit diesem Spiele: das „Festland“ schob es im 16. Jahrhundert ab, in England aber fiel es auf einen guten Boden. Mit dem englischen Sport, der alle Welt beleckt, ist es wieder zu uns gekommen.[V]

Es ist eine eigene Sache mit diesem „Sport“. Es ist nicht zu leugnen: er hat dem Bisherigen gegenüber ein gewisses Recht. Insbesondere hat er thatsächlich die Laufgymnastik wieder mehr zu Ehren gebracht. Das war freilich nichts Neues. Jäger hatte schon Jahrzehnte vorher dasselbe gefordert, aber man wollte ja auf ihn nicht hören. Wäre unser deutsches Turnen nicht in so heillose Bahnen verfahren gewesen, so hätte der Sport den Platz schon besetzt gefunden. Schändlich genug, daß wir nach Ablauf eines Jahrhunderts gerade so weit sind, daß man, um nicht bloß mißverstanden zu werden, neben dem Begriff des „Turnens“ immer auch noch das griechische Wort „Gymnastik“ zu Hilfe nehmen muß. „Sport“ ist nun aber gar ein englischer Begriff, und wir haben an unserem Begriff des „Turnens“ noch gerade genug zu putzen und zu säubern, um ihn als leuchtendes Vorbild allem Volke aufzustellen. Nun hat man uns zwar als das Kennzeichen alles echten Sports die „Ritterlichkeit“ gepriesen. Mag sein, daß es dem Engländer so vorkommt, obwohl uns das am Ende des 19. Jahrhunderts doch ein ziemlich überholtes Ideal zu sein scheint. Jedenfalls aber können wir es ihm überlassen, diesen Begriff, der sein eigenes Gewächs ist, weiter auszubilden und zum Ideal zu steigern. Wir wünschen ihm Glück dazu. Uns ist er nun einmal ursprünglich fremd, und obwohl der „Sport“ angeblich nur auf Erhaltung und Stärkung der Gesundheit ausgehen soll, bezeichnet das Wort thatsächlich bei uns etwas Überreiztes, Unnatürliches, Ungesundes. Die einfachen, natürlichen und bekömmlichsten Speisen schmecken uns nicht mehr, wenn sie nicht etwas von dem Hautgout[49a] unserer Civilisation an sich haben.

Der Begriff des „Sportes“ ist freilich schwer zu fassen, und daher kommt es denn auch, daß unsere Sportsleute auf diesen oder jenen Angriff uns mit liebenswürdig überlegenem Lächeln versichern, das sei ja gar nicht „Sport“. Begreiflich, denn sie sind in der glücklichen Lage, eine richtige Fickmühle[50] zu besitzen. Doch es soll sie nichts nützen. Der Name ist uns völlig gleichgültig, wir halten uns rein nur an die Thatsachen und die thatsächlich bei uns am meisten vertretenen Sportarten. Auf Grund dieser Thatsachen machen wir uns aber auch anheischig, den Satz zu verfechten: Der richtige Sportsmann kümmert sich weder um Natürlichkeit der Bewegung, noch um Schönheit und Würde der Erscheinung. Den herrlichen Rechten, in dem das satte Kinn sich gegen die feingeschwungene Linie des Halses absetzt, zum gemeinen Ganskragen ausgestreift, den Oberleib zum Igel gerollt, die Beine krampfhaft den Triebel[51] tretend, so saust er dahin, der „Gott auf der Maschine“. Mag auch Bein und Fuß in einer Weise arbeiten, die der natürlichen gerade entgegengesetzt ist, mögen die in der eng zusammengepreßten Brust aufs äußerste angestrengten Herz- und Lungenmuskeln schließlich versagen, schwere Herz- und Lungenleiden veranlassen, wenn nur der Gegner um 1/5 Sekunde geschlagen wird! Weil um jeden Preis der Sieg errungen werden muß, wird der Mann zum Maschinenteil, der am besten taugt, wenn er, ohne links noch rechts zu blicken, in gleichförmigem Pendelschwung das Ruder führend, auf seinem Hinterteil hin und her gampt.[52] Es lebe der „Rekord"! Der Mann ist uns „wurscht"! „Wurscht" ist uns auch, ob im freien Spiel der Kräfte sich der Adel reiner Menschheit darstellt, vielleicht sogar gerade recht, wenn hier wie anderwärts der – Affe aufblitzt.

Was hat nun aber solche „Wursthaftigkeit" für Folgen? Darüber kann uns ein zweites Wort aus Schillers Briefen an den Herzog von Augustenburg belehren. „Verjage die Willkür, heißt es dort, die Frivolität, die Rohigkeit aus ihrer Vergnügung, so wirst du sie unvermerkt auch aus ihren Handlungen, endlich aus ihren Gesinnungen verbannen." Wenden wir dieses Wort auch auf unser Stauchballspiel im besonderen an! „Willkürlich" ist es, weil es gegen die natürliche Ordnung verstößt, „frivol", weil diese Ordnung der Natur heilig ist, und „roh", weil es nicht nur eine gewisse Rohigkeit des Geschmacks verrät, sondern leicht auch zur Roheit der Gesinnung führt. Gar auch noch „frivol" soll also das Fußballspiel sein? In der That, es wird wohl nicht wenige recht seltsam berühren, wenn hier im Ernst die Frage aufgeworden wird: Ist es recht, fortgesetzt ohne Not einen Gebrauch von einem Gliede zu machen, zu dem es nun einmal nicht angelegt ist? Mochte eine Zeit, die im Darwinismus[53] die Lösung aller Fragen erblickte, es als den Inbegriff aller Weisheit ansehen, den Zweckbegriff aus der Natur überhaupt zu „eliminieren"![54] Im deutschen Volksgemüt wie in der deutschen Wissenschaft hat aber doch wohl auch noch der Gedanke der natürlichen Zweckthätigkeit sein Recht, mag man nun deren letzten Grund fassen wie man will. Und dann gilt vielleicht auch noch der Satz: Der Mensch kann und darf die Schöpfung an seinem Leib nicht nach Belieben umkrempeln?

Frivolität und Rohheit gehen leicht Hand in Hand. Aber daß das Fußballspiel in besonderer Weise auch noch die Gefahr der Verrohung mit sich führe, wäre im einzelnen erst nachzuweisen. Es kommt bei gesunder Jugend zuweilen vor und ist gewiß noch kein Zeichen von Verderbtheit, wenn bei der Hartnäckigkeit, mit der hier oft den klarsten Gründen Trotz geboten wird, schließlich beide Teile handgreiflich werden. Leider liegt nun aber die Sache keineswegs so, daß der größeren Kraftentwicklung immer auch das bessere Recht entspräche, und selbst wo das der Fall ist, ist die Geneigtheit, es anzuerkennen, dadurch beim Gegner gewiß nicht größer geworden. Also helfe, was helfen mag! Wozu hat der Junge seit Wochen, Monden, Jahren sich im Stauchballspiel geübt, ja sich im „association"[55] die Hände und Fäuste geradezu verbieten lassen? Unversehens fahren ihm nun seine Stoßbeine – an das Schienbein des Gegners, und aus der Roheit des Geschmacks entspring die Roheit der Gesinnung!

In meinen Knabenjahren genügte es noch, wenn einer seine Beweisgründe mit Fußstößen zu unterstützen suchte, ihn bei den Kameraden a priori[56] ins Unrecht zu setzen, selbst wenn er recht hatte. So „ungebildet" waren also noch vor etlichen 30 Jahren unsere deutschen Jungen! Das wird ja wohl nun bald von selbst anders werden. Wenn nicht, so wird ihnen der Herr Lehrer des 20. Jahrhunderts eben ex professo ad posteriorem[57] klar machen müssen, daß die Zeiten sich geändert haben. Die argumentatio ad tibiam[58] wird ja dann wohl bald allgemein als das geeignetste Mittel gelten, für seine Sache ein günstiges Vorurteil zu erwecken.

Das wäre nun ein Beispiel, wie außerhalb des Spieles sich aus dem Spiel höchst unliebsame Folgen ergeben können. Aber auch im Spiele selbst ist die Gefahr der Verrohung nicht gering. Der mit schwerem Schuhzeug bewehrte Fuß – in Lackschuhen spielt man nun einmal nicht Fußball, so wenig wie barfuß – ist keine unbedenkliche Waffe. Nun ließe sich vielleicht durch einen raschen Stoß eine mögliche Niederlage abwenden, ein Erfolg erringen. Aber der Gegner ist schon so nahe, daß er – niemand kann das so sicher wissen – möglicherweise den Stoß abkriegt, der dem Ball zugedacht war. Der Rücksichtsvolle hält nun zurück, weil ihm der mögliche Gewinn durch ein mögliches Unglück zu hoch erkauft erscheint, und das Spiel verliert für ihn an Reiz. Der Rücksichtslose aber stößt zu und ist so doppelt im Vorteil: einmal durch die Zurückhaltung des andern, der einen möglichen Erfolg schwinden läßt, weil ihm der Einsatz zu hoch erscheint, und dann durch die eigene Rücksichtslosigkeit, die auf den Erfolg ausgeht, sei's auch auf die Gefahr hin, den anderen tödlich oder doch schwer zu verletzen. Durch beides wird Roheit Trumpf! Und doch ist hier noch der günstigste Fall angenommen, daß eine Verletzung des Gegners nicht beabsichtigt wird.

Ein in sich gefestigter Charakter wird nun freilich ohne Einbuße und Gefahr für sich selber sich dem verhängnisvollen Einfluß eines zunächst ästhetisch betrachtet rohen Spieles aussetzen können. Und darin liegt auch die Erklärung für die auffällige Thatsache, daß so viele höchst ehrenwerte Männer sich mit einer Begeisterung und Hingebung, die einer besseren Sache wert wäre, für das Spiel ins Zeug legen. Nun soll aber vor allem die noch schwankende, bildsame, für alles Gute, aber doch wohl mindestens ebenso sehr für alles Böse empfängliche Jugend, soll nicht nur der gegen Verführung gefestigte Teil, sondern überhaupt alles Volk an diesem Spiel teilnehmen, soll es zu einer allgemeinen Volksbelustigung, zu einem volkstümlichen Erholungsmittel werden. Heutzutage nehmen noch hauptsächlich die „besseren" Kreise des Volkes daran teil, wie sie sich selber mit Vorliebe nennen. Sie mögen ja gegen die Versuchungen gewappnet sein, die hinter dem Spiele lauern, sie mögen den Namen verdienen, den sie sich mit solchem Wohlgefallen selbst beilegen. Aber gerade wenn sie die „Besseren" sind, spüren sie denn nicht um so mehr die Verantwortung, die darin liegt, wenn sie ein Spiel das leicht, das fast notwendig bei derber angelegten Naturen zur Roheit führt, in alles Volk werfen? Oder wissen sie etwa nicht, daß der Kreislauf in allen derartigen Dingen von oben nach unten geht, daß der Chignon[59], der Reifrock[60], die Affenstöckl[61], der Pariser Hintere[62], die Schinkelärmel[63] bei den Dienstboten Mode werden, wenn die „Herrschaften" ihrer schon wieder überdrüssig geworden sind? Und wollt ihr mit euren Spielen nicht gerade etwas ins Volk werfen, das für jeden gleich anziehend, gleich wertvoll, gleich passend ist? Ist das nicht der Fall, ist das nicht euer Wunsch und klare Absicht, so habe ich die ganze Bewegung, die auf die Wiedererweckung der Jugend- und Volksspiele[64] ausgeht, nicht verstanden. Wenn man aber solche Ziele im Auge hat, so gilt es, doppelt und dreifach vorsichtig zu sein. Wir stehen noch im Anfang der Erscheinung. Das Spiel ist noch nicht so eingebürgert, obwohl bei der Jugend schon weit mehr, als man glaubt. Darum sehen wir dorthin, wo man schon mehr Erfahrungen gesammelt hat.

Die Todesfälle, die durch das Spiel in England allein schon herbeigeführt worden sind, und zwar zumeist „durch Fußtritte an den Unterleib, die Magengrube, gegen das Rückgrat oder gegen den Kopf", zählen allein schon nach Hunderten, wenn nicht nach Tausenden, ganz abgesehen von den übrigen Verletzungen vorübergehender und bleibender Art. Nach dem „Brit. Med. Journ." ist die Wahrscheinlichkeit eines Unglücks beim Fußball 18mal größer, als wenn man reitet, und 20mal größer, als wenn man „Gymnastik" treibt. Auf den Spielplätzen in Amerika, wo der sportmäßige Betrieb, der auf Sieg um jeden Preis ausgeht, noch stärker ausgebildet ist, ist die Sache noch schlimmer, obwohl die Spieler schon mit ganzen Fußballrüstungen, Gummiringen, Binden, Polstern usw. ausgestattet sind. Kein Wunder, daß hier gegen so „groben Unfug" bereits gesetzgeberische Maßnahmen in Aussicht genommen sind! Und ein solches Spiel soll für unser deutsches Volk wünschenswert, ja notwendig sein?

Nun sagt man zwar, „bei gewissenhafter Aussicht" oder „von Gebildeten gespielt", oder „wenn der leidenschaftliche, sportartige Betrieb ferngehalten wird", sei das Spiel ganz unbedenklich. Allein liegt denn nicht gerade in solchen Versicherungen und ihren bezeichnenden Einschränkungen ein deutliches Zugeständnis, daß das Spiel wirklich an sich bedenklich ist? Warum bedarf es denn solcher Versicherungen und Vorsichtsmaßregeln nicht bei unseren deutschen Spielen, auch wenn sie noch so „leidenschaftlich" gespielt werden? Und sollen wir diese „Leidenschaft" nur verabscheuen und bekämpfen? Wäre es nicht vielmehr dringend zu wünschen, daß es den deutschen Philister[65] künftig allfeierabendlich mit derselben Leidenschaft zum Turn- und Spielplatz zöge, mit der es ihn heute zur Kneipe zieht? Ist nicht diese Leidenschaft im Spiel etwas echt und allgemein Germanisches, wie wir schon durch Tacitus[66] wissen? Umso weniger gleichgültig ist daher freilich auch, auf was für ein Ziel sich diese Leidenschaft richtet.

Das Fußballspiel hat nun die Kraft, diese Leidenschaft zu erwecken, weil es reich ist an spannenden Augenblicken, an aufregenden Kampf- und Sturmesscenen. Wieder ein Grund mehr, warum sich gerade etliche der tüchtigsten Naturen dadurch bestechen ließen. Aber es hat auch andererseits jenen Stich ins Widernatürliche, Gemeine, „Weithergeholte", der dazu nötig ist, etwas bei uns in die Mode zu bringen.

Oder ist etwa die verfluchte deutsche Fremdsucht dabei nicht im Spiel? Ei, so sieh ihn doch an, den feuchtohrigen Laffen, wie er mit seinen bunten, frisch aus Albion geholten Flicken und dem breitesten englischen Bulldoggengesicht dem erstaunten Repsbauern sein „half-time", „Full-backs"[67] „scrummage"[68] entgegenfletscht! Wer das mit ansehen muß, dessen Geduld ist „out"[69], er macht einen wütenden „try"[70], den ganzen Fußball-„match" und „matsch" mit e i n e m „Kick"[71] in die Luft zu sprengen. Aber da kömmt er schön an. Zweimal fünfzehn racheschnaubende Füßepaare setzen sich gegen ihn in Bewegung, um ihn nach allen Regeln dieser hochfeinen „ritterlichen" Kunst über die Malgrenzen[72] hinauszubefördern. Vernunft, Geschmack, Natur unterliegen, und das höhere Trampeltier bleibt Meister der Schlacht und des Feldes. Die angelsächsisch normännische Rasse giebt den Ton an, und wer sich dagegen auflehnt, ist kein guter –Deutscher.[VI]

Nicht als ob wir von dem Fußball und den englischen Spielen überhaupt nichts lernen könnten. Gegen „Kricket" und „Tennis" ist an sich nichts einzuwenden, wenn nur nicht auch hier im Drum und Dran das Affentum sich so widerlich breit machte. Die feinere Ausbildung der Regeln und das hingebende Zusammenspiel hatten ja die englischen Spiele bisher voraus, wenn man auch in ersterer Beziehung des Guten zuviel thun kann. Bereits sind aber auch unsere deutschen Spiele in diesem Sinne bearbeitet und ausgefeilt worden, so das Schlagballspiel ohne Einschenker, der Schleuderball, der Barlauf[73]" u.s.w. Vrgl. die Spielregeln, herausgegeben vom technischen Ausschuß zur Förderung der Volks- und Jugendspiele in Deutschland[74]. R. Voigtländers Verlag, Leipzig. Das griechische „Episkyros" oder „Harpaston" ist von Professor Dr. Koch[75] in Braunschweig unter dem Namen „Raffball" in verdienstlicher Weise der Vergessenheit entrissen worden. Wenn aber dieses oder unser Grenzball nicht als vollgültiger Ersatz für das anerkannt werden sollte, was an dem Fußballspiel gut ist, so müßte es doch seltsam zugehen, wenn sich nicht auf Grund der letztgenannten unter Beiziehung meinethalb auch gewisser Regeln des Fußballs ein Kampfspiel ersinnen ließe, das allen Anforderungen genügt. Vielleicht ließe sich dazu ein Ball verwenden, der ebensowohl geschockt, wie gestoßen, wie mit der Faust geschlagen werden könnte. Unvergessen aber bleibe ein drittes Wort aus Schillers Briefen über die ästhetische Erziehung des Menschen: „Die wirklich vorhandene Schönheit ist des wirklich vorhandenen Spieltriebs wert; aber durch das Ideal der Schönheit, welches die Vernunft aufstellt, ist auch ein Ideal des Spieltriebs aufgegeben, das der Mensch in allen seinen Spielen vor Augen haben soll."

Jedenfalls läßt sich auch ohne Stauchballspiel vortrefflich auskommen. Die Griechen hatten keinen Fußball, und waren doch Meister in jeglicher Leibesübung. Die alten Deutschen wußten nichts vom Fußball und blieben doch hinter keinem in Lauf und Sprung zurück. Das ist freilich kein Beweis gegen den Fußball, aber doch ein Beweis dafür, daß man ihn entbehren kann, wenn gewichtige Gründe gegen ihn sprechen. Oder ist der Grundsatz bereits veraltet, daß für unsere Jugend das Beste gerade gut genug sei? Darum überlassen wir es den Rhodes[76], Stauchballplätze einzuweihen, und den Jameson[77], die klaren Rechte und Freiheiten anderer mit Füßen zu treten! Wir dürsten nicht nach solcher Heldenerziehung.

Die „Tumbheit"[78], unserer Kinderjahre ist für immer verschwunden. Wir haben das Schwert führen gelernt, und wie wir die staatliche Einheit errungen haben, so sind wir jetzt in heißem Kampf begriffen, die Klassengegensätze zu überwinden, damit auf freiem Grund ein freies Volk erstehe. Das steigende Interesse für die leibliche Volkserziehung liegt in derselben Richtung. Aber wahrscheinlich überflüssig ist die Mahnung, daß alle diese Errungenschaften und Ziele nichts taugen, wenn Sie nicht die unverrückbare Grundlage bilden für einen Bau der Geister, dessen Grundlinien unsere Dichter und Denker gezogen haben, noch ehe wir „praktisch" wurden. Dem geschärften Blick des Staatsmannes und Erziehers darf nichts, was dieser Aufgabe dienen kann, zu geringfügig, zu untergeordnet erscheinen, am allerwenigsten die Spiele der Jugend.

Darum, du deutsches Volk, das du heute mit dem Schweiß deines Angesichtes den Boden düngst, aus dem dir eine Saat des Rechtes und der menschlich hohen Gesittung ersprießen soll, die Augen auf, damit dir nicht irgend ein liebreicher Nachbar oder die eigene ungeschickte Hand das Unkraut unter den Weizen mische! Wer sich aber durch das üppigere Wachstum des einen, die Unscheinbarkeit und langsame Entwicklung des andern täuschen läßt, der mache die Erfahrung, die er vermeiden konnte: daß es nämlich Nesseln giebt, die wie spanischer Pfeffer brennen.

Anmerkungen

I „Um ein gutes Drop Kick[21] stauchen zu können, heißt es da z.B., gehört offengestanden eine große Uebung und Ausdauer. Mag der Stauch 99 mal mißlungen sein, nur nicht verzagt und frisch das 100. Mal probiert; vielleicht gelingt er dann." Und das alles, um den Hundstritt zu erlernen. O du heilige Einfalt!

II So z.B. nach dem vielgebrauchten Spielbuch von Dr. Kohlrausch und Marten. Nach strengen Sportgesetzen ist nicht einmal dies gestattet. Es darf also der Ball nur mit Kopf, Brust, Schultern, H – u.s.w. aufgehalten werden.

III Es versteht sich von selbst, daß damit kein Urteil über das Rad als Beförderungsmittel ausgesprochen sein soll, wenn man sich auch die Bewegungsform naturgemäßer wünschen möchte. Der Schöpfer aber braucht sich darum von der Fahrräderfabrik von Müller, Schulze und Comp, wahrlich nicht als Pfuscher behandeln zu lassen. Das den wohlweisen Herren, die das Radeln über das Gehen und Laufen stellen! Ach, diese „Herren der Schöpfung"! Sind es nicht dieselben, die an einem Ort, wo sie sich gänzlich unbeachtet wissen, dieser selben Schöpfung ihren Zins bezahlen und dabei noch heilig froh sind, wenn sie es täglich regelmäßig können? Beiläufig, radeln Sie vielleicht deswegen, Geehrtester? Das wäre etwas anderes.

IV Ob wohl Shakespeare ein Freund des Fußballspiels war? Man höre: Im 1. Aufzug 4. Auftritt des König Lear stellt Lear den Haushofmeister Oswald, der seinem ehemaligen Herrn und König den Gehorsam verweigert, zur Rede. Da ihm dieser höhnische Blicke zuwirft, schlägt er ihn.

Haushofmeister: Ich lasse mich nicht schlagen, Herr.

Kent: Auch kein Bein stellen, du niederträchtiger Fußballspieler? (you base footballplayer). (Stellt ihm ein Bein und wirft ihn nieder.)

Lear: Ich danke dir, Bursch, du dienst mir, und ich will dich lieben.

Kent: Kommt, Herr, auf! Packt Euch! Ich will Euch Unterschied lehren; fort, fort! Wenn Ihr eure Flegelslänge noch einmal messen wollt, bleibt. Nun fort, packt Euch! Seid Ihr klug? (Stößt ihn fort). So.

Lear zu Kent: Nun, mein freundlicher Gesell, ich danke dir.

Freilich, Lear und Kent sind offenbar Narren, Oswald aber gehört zu den Klugen, zu den ganz Klugen.

V Der neueste „Sport", den sich meine Jungen ausersonnen haben, weil sie bei mir nicht Fußball spielen dürfen, ist, daß sie sich gegenseitig die Hüte und die Mützen in die Höhe stauchen. Auch nicht übel.

VI Wer ein solches Kauderwelsch wie das hier oder weiter oben angezogene in deutschem Mund für unmöglich hält, der werfe, wenn er nicht einen unserer Sportplätze besuchen kann, einen Blick in eine unserer Sportzeitungen! Man glaubt sich in die Zeit des tiefsten Niedergangs des deutschen Geistes in und nach dem dreißigjährigen Krieg versetzt.

Erläuterungen zu Planck, Fußlümmelei

1 Podoböotismus: Fußkrankheit
2 Th. Vischer: Philosoph und Ästhetiker
3 Englishmen: Engländer
4 match: Spiel
5 Phayllus: griechischer Athlet
6 Phidias: griechischer Bildhauer
7 Betschuanaland: Gebiet in Südafrika
8 Botokuden: Indianerstamm in Südost-Brasilien
9 Standbein: Bein, auf dem das Körpergewicht überwiegend ruht
10 Spiel mit Aufnahme: Rugby-Fußball
11 schofel: gemein
12 Subjekt: Lebendiges
13 Objekt: Gegenstand
14 O.H. Jäger: Begründer der schwäbischen Turnschule, einer speziellen Turnrichtung
15 cancan: Modetanz um 1900, der als unanständig galt
16 fin de siecle: Ende des Jahrhunderts
17 Säkulum: Jahrhundert
18 wonderful: wunderbar
19 marvellous: großartig
20 prodigious: ungeheuer, gewaltig
21 Drop kick: „eine Art ‚Fallstoß', wenn der niedergefallene Ball nach Abprall vom Boden fortgestaucht wird", so eine zeitgenössische Beschreibung
22 Turnerschaft: Organisation der Turner(innen)
23 Wettspiele: Spiele zwischen verschiedenen Vereinen
24 ‚volkstümlichen' Übungen: leichtathletische Übungen im deutschen Turnen
25 Fußballspiel ohne Aufheben des Balls: heute bekanntere Form des Spiels, das im Gegensatz zum Rugby-Fußball den Gebrauch der Hände völlig ausschließt
26 ‚association': englischer Ausdruck für das ‚reine' (heute bekannte) *Fuß*ballspiel
27 anglisiert: den Engländern nachgeahmt
28 ‚Neue Reich': Deutsche Reich, gegründet 1871
29 Jahn: Begründer des Turnens (1811)
30 dito: ebenso
31 bicycle: Fahrrad
32 How unfashionable: wie unmodern
33 Cricket matches: Cricketwettkämpfe
34 Tennis tournaments: Tenniswettspiele
35 And oh! last not least: Rowing, Rowing! Juniors! Seniors! We must have challenge cups, first prizes and so on! Und oh! Nicht zuletzt: Rudern, Rudern! Für Junioren und Senioren! Wir benötigen Pokalwettbewerbe, erste Preise und soweiter!
36 gampte: hüpfen, stampfen
37 Dollenboote: ‚Spielzeug' eines eitlen Manns
38 Gig: Ruderboot (auch zweirädriger Wagen)

39 Giglerzeug: ‚Spielzeug' eines eitlen Manns
40 hallische Halloren: Salinenarbeiter, denen gute Schwimmleistungen nachgesagt wurden
41 Ulmer Fischer: Fischer, denen gute Schwimmleistungen nachgesagt wurden
42 Schwungball: zeitgenössisches Turnspiel
43 Stoßball: zeitgenössisches Turnspiel
44 anglisiert: den Engländern nachgeahmt
45 gallisiert: den Franzosen nachgeahmt
46 Seneca epist. 80 – Der römische Autor beschreibt an dieser Stelle die Wildheit und Gefährlichkeit eines Ballspiels mit Namen ‚sphaeromachia' (Ballkampf/Ballschlacht)
47 sphaeromachia: römisches Ballspiel (Ballschlacht)
48 calcibus: mit den Fersen
49 giuoco del calcio: Fußballspiel
49a Hautgout: (scharfer) Wildgeschack; übertragen: Anrührigkeit
50 Fickmühle: Zwickmühle
51 Triebel: Tretkurbel des Fahrrades
52 gampen: hüpfen, stampfen
53 Darwinismus: nach Charles Darwin benannte Abstammungslehre
54 eliminieren: beseitigen
55 association: vgl. 26
56 a priori: von vornherein
57 ex professo ad posteriorem: von Amts wegen auf's Hinterteil
58 argumentatio ad tibiam: Argumentation vors Schienbein
59 Chignon: im Nacken getragener Haarknoten
60 Reifrock: stark ausladender Unterrock
61 Affenstöckel: Stöckelschuhe
62 Pariser Hintere: ‚falscher Steiß', Auspolsterung über dem Gesäß unter Damenkleidern
63 Schinkelärmel: Keulenärmel
64 Jugend- und Volksspiele: Zeitgenössische Bezeichnung für Spiele, die man nach dem Vorbild der Sportspiele betrieb
65 Philister: Kleinbürger
66 Tacitus: römischer Historiker
67 Full-Backs: Verteidiger
68 scrummage: Gedränge im Rugby-Fußball
69 out: aus
70 try: eine Art Freistoß im Rugby-Fußball
71 Kick: Stoß, im Fußball: Schuß
72 Malgrenzen: Torlinien
73 Schlagball, Schleuderball, Barlauf: Turnspiele, die man gegen Ende des 19. Jahrhunderts wieder belebte und sportgemäß zu betreiben versuchte
74 Technischer Ausschuß zur Förderung der Volks- und Jugendspiele: Teil des „Zentralausschusses zur Förderung der Volks- und Jugendspiele" – ein halbstaatlicher Verein zur Förderung von Bewegungsspielen. Dem Technischen Ausschuß oblag die Regelentwicklung

75 Konrad Koch: Begründer des Fußballs in Deutschland
76 Rhodes: englischer Kolonialist
77 Jameson: englischer Kolonialist
78 Tumbheit: Dummheit

Karl Planck – Zur Person

Karl Planck wurde am 31. Mai 1857 in Ulm geboren, studierte Theologie, wechselte ins Lehrfach, wurde Professor und Turnlehrer am Eberhard-Ludwigs-Gymnasium in Stuttgart, starb am 12. Februar 1899. Planck verstand sich als Schüler der schwäbischen Turnschule, die von Otto Heinrich Jaeger begründet wurde. Diese Turnschule kämpfte gegen das Kunstturnen der Deutschen Turnerschaft und forderte unter Berufung auf die griechische Gymnastik eine Umorientierung des Systems der Leibesübungen unter besonderer Berücksichtigung sittlich ästhetischer Gesichtspunkte.

Zwei zeitgenössische Stellungnahmen

J. Vollert
„Ich bin bekehrt"

Aus der Herbartischen Unterrichtslehre ist der wichtige Begriff der Besinnung nicht unbekannt. Der Schüler soll nicht immer in einem Atem fortschreiten, nicht bloß unaufhaltsam zu den Höhen des Wissens steigen, nein, er soll mittendrin Augenblicke der Ruhe haben, Bänke, von denen aus er den zurückgelegten Weg überschaut, sich überlegt, ob er wohl den richtigen Weg gegangen ist und zusammenfassend bedenkt, was ihm begegnet ist. Auch das ganze Volk, nicht nur die lernende Jugend, hat solche Ruhepunkte dringend nötig. Es charakterisiert unsere Zeit ein fortwährendes Fieber, eine verzehrende Unrast, eine eilende Jagd; wann kommt der Einzelne zu sich, wann das Gesamtvolk? Und mitten in dieser wilden Hast brechen ungehindert allerlei Dinge über uns herein, die nicht hereinbrechen sollten – ausländisches Wesen macht sich breit und droht unsere bessere Eigenart zu verdrängen. Wer sich nicht mit aller Kraft gegen den tollen Wirbel stemmt, der wird rettungslos mit hineingerissen. Darum Besinnung! Ein Ruf zur Besinnung ist das Schriftchen des Prof. Planck, dessen Titel ich obenan geschrieben habe. So klein ist es (mit dem Nachwort etwa 20 Seiten), hat es doch Wichtigkeit für jeden, dem die körperliche Erziehung unseres Volkes am Herzen liegt: denn es ist nicht mehr und nicht weniger als eine in schroffster Form ausgesprochene Kriegserklärung gegen den F u ß b a l l, daneben gegen englisches Sportfexentum und deutsche Fremdennachäffung.

Aber wie kann dieser schwäbische Professor es wagen, gegen den heiligen Fußball zu Felde zu ziehen, der von hohen Autoritäten als vortreffliches Bildungsmittel für den Körper empfohlen ist und tagtäglich von hunderten, vielleicht sogar tausenden junger Männer (Vereinlern oder Schülern) mit großem Eifer, ja heller Begeisterung gespielt wird? Hat der Fußball nicht schon viel Gutes gestiftet und stiftet es noch, indem er unsere Jugend aus den Kneipen hinausruft in die frische Luft zu scharfer Körperanstrengung, vor allem zum frischen Lauf, diesem unvergleichlichen Bildner des Leibes? All dieses ist ganz richtig, und P. will auch in dieser Beziehung gar nicht widersprechen; aber er weist nach, und unwiderleglich, wie ich glaube, daß aus ästhetischen und ethischen Gründen der Fußball zu verwerfen ist. Das „Stauchen des Balls", der „Hundstritt", die Hauptbewegung in diesem Spiel, ist grundhäßlich, dabei aber auch, weil Zeichen der größten Geringschätzung, gewissermaßen unanständig. Solche Bewegungen aber soll man nicht üben, weil sie sicherlich dem Spieler innerlichen Schaden bringen. Und zu diesem welche Unnatur, daß man den Ball, der doch offenbar von den Händen gestoßen und geworfen werden sollte, nur mit den Füßen vorwärts schleudert, die Arme aber dabei gänzlich in Ruhestand versetzt! So ungefähr argumentiert (in der Hauptsache) P. Es kann nicht meine Absicht sein, alle die vielen anregenden Gedanken anzuführen, welche P. außerdem noch vorbringt, z.B. von der Entwicklung unserer Turnerei, dem Zweirad, der angeblich aus griechisch-römischer Zeit stammenden Geschichte des Fußballs. Ich will nur noch hervorheben, daß jedem Vaterlandsfreund der warme Herzenston wohl thun muß, in den das Ganze getaucht ist: es redet einer, der sein Volk lieb hat und stolz auf sein Deutschtum ist. Freilich, grob ist die Schrift, hanebüchengrob, „sackgrob" (das sagt P. selber), aber „im Deutschen lügt man, wenn man höflich ist", und der Pfannenflicker von Leinenzell, den ich durch P.'s „Fußlümmelei" kennen gelernt habe und der jedenfalls ein gescheiter Kopf war, sagt ja auch nach der Unterhaltung: „Nehmen Sie meine Grobheit für Höflichkeit." Bei manchen Sachen läuft eben die Galle über, es geht nicht anders. Und wem in völkischen Dingen das Blut in den Kopf und heftige ungebärdige Worte in die Feder steigen, den begrüße ich als Bundesgenossen. Es wird Zeit, daß wir uns fremder Einflüsse gänzlich erwehren, mögen sie auch von der verwandten angelsächsischen Rasse herstammen. Gerade diese Angelsachsen zeichnen sich in neuester Zeit höchst unvorteilhaft aus. Bescheidenheit war nie ihre Zierde, jetzt aber sind sie frecher denn je — mögen sie Engländer oder Amerikaner heißen, das ist einerlei —, und die gemeinste Eigensucht regiert ihre Politik. Nein, los von allem Fremden, und allen denen ein frohes Glückauf zugerufen, die helfen, fremdes Wesen aus Deutschland hinauszutreiben.

Ich glaube, die Schrift wirbt dem Fußball manchen Feind. Von mir kann ich sagen: ich bin zu Planck bekehrt worden, so sehr ich mich anfangs gesträubt habe. Der Fußball unseres Gymnasiums ist zerrissen — schwerlich (wenn nicht Mufti-Befehl micht zwingt) bestelle ich einen neuen.

(aus: Zeitschrift für Volks- und Jugendspiele, 7(1898) 75f.)

P. Heineken

„Ein Schlag ins Wasser..."

„Podoböotismus" zu teutsch „Fusslümmelei" ist das neueste Schlagwort, womit man dem Fussball von wohlbekannter Seite zu Leibe zu rücken sucht. Nachdem allem Anscheine nach die bisher versuchten Mittel nicht viel geholfen haben, greift man zu dem der Lächerlichkeit, ohne dabei zu bedenken, dass ein grosser Teil derselben, wenn übertrieben, wieder auf den, von welchem sie ausgeht, zurückfallen wird.

Prof. Planck, der Vater des Fusslümmels, hat, obgleich wir ja an den Ernst, mit dem er seine Aufgabe behandelt, keinen Zweifel setzen wollen, weit über das Ziel hinausgeschossen und einen Schlag ins Wasser geführt. Seine Schrift wurde auf der ganzen Linie der Fussballspieler mit lautem Halloh empfangen und als guter Aprilscherz aufgefasst; in der That dürfte sie sich besser für eine Bierzeitung, denn als Streitwaffe gegen das Fussballspiel eignen, selbst eingefleischte Gegner des Fussballspiels geben zu, die Schrift sei so von dem Hasse des alten Turners gegen die fremdländischen Spiele diktiert, dass sie ihren Zweck vollständig verfehle.

Da sich Herr Planck den notorischen Grobian, den Pfannenflicker von Leinzell zum Muster nimmt, so fällt er in einer urteutsch oder echt schwäbisch sein sollenden Weise über das Fussball herein und sucht durch wohlfeile Witzeleien, übertriebene Poltereien und Ausländerfresserei sich als Retter des Vaterlandes gegen die moderne Sportsbewegung aufzuspielen; wenn wir in unserer Antwort auch etwas derb werden, so gehört eben auf einen groben Klotz auch ein grober Keil!

Jede Zeile zeigt mit Deutlichkeit, dass die Kenntnis des Fussballspieles von seiten Herrn Plancks eine mehr als oberflächliche ist und sich einzig auf Stuttgarter Schulverhältnisse stützt; hier kommt es allerdings vor, weil geeignete Spielplätze bis vor kurzem fehlten, dass die Schüler auf den Strassen dem Spiele obliegen und damit manche Belästigung des Publikums verursachen; dies aber dem Spiele als Ganzes vorzuhalten, ist einfach komisch!

Das Stossen des Balles mit dem Fusse ist seiner Meinung nach gemein, lächerlich, lümmelhaft, denn es ist und bleibt ein Hundstritt. Zu dieser Auslassung kann man wohl mit mehr Recht wie Herr Planck sagen, sancta simplicitas, denn sie geht über Geschmacksverschiedenheit. Man sollte es nicht für möglich halten, dass ein Turnlehrer, ein Jugendbildner solche Verkehrtheiten verteidigen kann, aber beim teutschen Turnprofessor ist eben alles möglich, für ihn giebt es keinen Fortschritt, das Stehruder, das Fischerstechen, das sind seine Ideale, das moderne Rudern, Radfahren, sind affenmässig, unteutsch, sind ihm ein Greuel, er zehrt an den Hinterlassenschaften eines Jahns, eines Gutsmuts, die allerdings ihrer Zeit vorauseilten, die sich aber gewiss mit Freuden den Erfordernissen der Gegenwart angeschlossen hätten, denn sie waren fortschrittlich gesinnt, während ihre Nachfolger und Ausleger nach rückwärts krebsen, päpstlicher als den Papst sich bebärden. Hier marschiert Prof. Jäger allen anderen voran; so viel Anerkennenswertes er für das Turnen geleistet hat, ebenso lächerlich sind seine Angriffe auf die modernen Sportspiele, speziell Fussball. An das Brillantfeuerwerk der Phrasen seines Vorbildes reicht Prof. Planck allerdings nicht heran, obgleich er es so viel wie möglich zu erreichen suchte. Auch das Turnen, das einzige Bollwerk gegen den jungen daherstürmenden Sport, ist dem Zuge der Zeit gefolgt, es ist, um mich des Saftausdruckes eines seiner Vorkämpfer zu bedienen, zur „Kraftlümmelei", zum Sport in des Wortes wahrster Bedeutung ausgeartet, mag man dieser Thatsache auch ein anderes Mäntelchen umhängen, es ist und bleibt nichts anderes, als Sport, als Turnfexerei, wenn es so besser beliebt.

Jedes Spiel hat seine Zeit und wird von etwas Zweckmässigerem abgelöst. Dieses Gesetz lässt sich nicht aus der Welt schaffen, und so gut sich Turnen einstens den Boden erobern musste, ebenso sicher wird sich die neue Sportsbewegung Bahn schaffen, sie wird es um so mehr, weil sie sich den Erfordernissen der Zeit anzuschmiegen weiss, weil sie aus denselben hervorgegangen ist, mag sie nun ausländischen Ursprungs sein oder nicht, nach diesem wird auch bei anderen Kulturfortschritten nicht gefragt.

Unsere deutschen Spiele als Radikalmittel entgegenstellen zu wollen, bleibt eine Sisyphusarbeit, denn im Grund genommen sind die meisten derselben S p i e l e r e i e n, die nur auf kurze Zeit fesseln können, aber nicht wie Fussball, Jahre, Jahrzehnte lang ewig neuen Reiz auszuüben wissen.

Von der grossen Gefährlichkeit und den vielen Unglücksfällen auf deutschen Spielfeldern ist Verfasser nichts bekannt. Er spielt schon seit über 10 Jahre und hat manches Wettspiel hinter sich, aber noch in keinem ist ihm je etwas zugestossen, oder wüsste er, dass ein Spieler beider Mannschaften sich verletzt hätte. Kommen Unglücksfälle vor, die beim Turnen auch nicht zu vermeiden sind, so geschehen sie meistens bei den Uebungsspielen, und fast immer aus U n g e s c h i c k l i c h k e i t des betreffenden Spielers.

Zur Beruhigung von Herrn Planck möge noch dienen, dass Fussball schon längst auch von Mädchen gespielt wird und dass sie sich ganz wohl dabei befinden.

Die weniger sachlichen Auslassungen der Fusslümmelei sind in meinem Werke so widerlegt, dass wir sie hier nicht nochmals zu wiederholen brauchen, und auf dem Gebiete der Phrasen vom teutschen Eichhörnchen, von dem Engländer, in dessen Gesicht jede Fiber nach boxing und jede Ader nach kicking schreit, die Ausbildung eines Fussballspieles, bei welchem man auf dem Kopfe läuft und mit den Füssen sich verwundert und was dergleichen noch mehr ist, lassen wir lieber Herrn Planck im Original glänzen, da die Fussballspieler den tiefen Sinn dieser Tumbheiten doch nicht zu würdigen wissen, nur die Frage möchten wir an Herrn Planck richten:

Was ist idealer, die Wettkämpfe der Geschicklichkeit und Ausdauer zwischen den amerikanischen oder englischen Studenten beim Fusslümmeln oder das Saufen, Prassen und die Mensuren der Mehrzahl unserer deutschen Studenten, wer ist verrohter, der händelsüchtige Duellraufbold oder der geschickte Podoböotier und Ruderaffe? Die Antwort möge sich jeder selbst und wir Herrn Planck den Rat geben, „Schuster bleib bei deinen Leisten"!

(aus: P. Heinecken, Die beliebtesten Rasenspiele, Stuttgart 1893, 204f.)

Nachwort

Henning Eichberg / Wilhelm Hopf

FUSSBALL ZWISCHEN deutschem TURNEN UND englischem SPORT

Ende des 19. Jahrhunderts kommt der Fußball von England nach Deutschland. Wie die vorliegende Schrift zeigt, findet er nicht überall offene Türen.

Wenn eben gesagt wurde, daß „der Fußball" nach Deutschland kam, so ist dies ungenau. Es kam nicht ein Fußball*spiel*, sondern es wurden Fußball*spiele* eingeführt.

Planck spricht zum Beispiel vom „Spiel mit Aufnahme", mit Ballaufnahme heißt dies. Es handelt sich dabei um *Rugbyfußball*. International gesehen ist Rugby heute vergleichsweise bedeutungslos. Es ist allerdings gegenüber der Spielart, die wir heute mit dem Fußball gleichsetzen, die ältere Form. Heute dominiert *Association Football*, auch *Soccer* genannt. Planck erwähnt es ebenfalls. Man bezeichnete es damals auch als *Fußball ohne Aufnehmen*. Der Ball durfte also nicht mit der Hand „aufgenommen" werden.

In der Frühzeit des Fußballs bestanden beide Spiele nebeneinander. Dies führte bei Wettspielen zum Teil zu gewissen Problemen, da es geschehen konnte, daß eine Mannschaft „mit Aufnahme", die andere „ohne Aufnahme" zu spielen pflegte.

Fußball! Der 1. F. C. N. sucht zur Verstärkung seiner Mannschaft **geübte Rugbyspieler.**
Dieselben werden nebst solchen Herren, welche sich diesem Sport widmen wollen, höfl. eingeladen, sich Dienstag, den 30. April abends 8 Uhr, im Billardsaal des Cafe Zeughaus einzufinden.
Spielzeit Freitag Abend und Sonntag Vormittag Deutschherrnwiese.

Diese deutschen Bezeichnungen für englische Ausdrücke liefern einen Hinweis auf einen der Gründe, die es den Fußballspielen in Deutschland schwer machten. Es handelt sich um englische Spiele. Nicht zufällig weist Planck in seinem Untertiel „Stauchballspiel und englische Krankheit" darauf hin. Im Text spottet er über die englische Sportsprache bzw. die Mode, sich ihrer zur Selbstbestätigung zu bedienen. Diejenigen, die sich um eine gezielte Einführung des Fußballs in Deutschland bemühen, gehen deshalb einen anderen Weg. Sie versuchen, „deutsche Kunstausdrücke des Fußballspieles" einzuführen, um sich keiner unnötigen Kritik auszusetzen. Die Ausdrücke „mit und ohne Aufnehmen" sind Beispiele dafür; weitere sind: captain – Spielwart/Spielkaiser; goal – Mal/Tor; backs – Hinterspieler; goalline – Mallinie.

Doch wenn man Planck gelesen hat, so wird klar, daß er die Fußballspiele nicht primär als etwas Englisches kritisiert, sondern als „Lümmelei", als „Krankheit". Es geht weniger um einen Gegensatz zwischen *englisch und deutsch* als zwischen *Turnen und Sport.*

Turnen und Sport? Ist Turnen nicht Sport? „Turnen und Sport" erscheint heute als eine absurde Wendung, ist doch Turnen eine Sportart, ein bedeutender Sport. So ungewohnt diese Wendung aber zunächst erscheinen mag, sie ist es nicht. Wohl jeder kennt die Abkürzung „TuS", (Turn- und Sportverein). Hingegen spricht man nicht von „FuS" (Fußball- und Sportverein). Der Unterschied ist nicht zufällig.

Plancks Ausführungen lassen erkennen, daß um die Jahrhundertwende ein deutlicher Unterschied zwischen Turnen und Sport bestand. Unsere Vorstellung vom Turnen muß also von derjenigen um die Jahrhundertwende verschieden sein.

Um Plancks Polemik gegen den Fußball als Sport zu verstehen, ist es notwendig, sich eine Vorstellung vom Turnen in seiner damaligen Bedeutung zu machen. Indem man dies tut, sich gewissermaßen in Plancks Position versetzt – ohne sie akzeptieren zu müssen –, gewinnt man eine neue Perspektive des Sports.

Es wird deutlich, daß Sport keineswegs die einzige Form der Körperkultur ist, ja, es stellt sich sogar die Frage, ob der Sport eine Körperkultur ist. Zu anderen Zeiten gab es ganz andere Formen, zum Beispiel vor 80 Jahren in Deutschland das deutsche Turnen. Damit erscheint Plancks Polemik nicht mehr nur „fremd" und „skurril", sondern verweist auf einen gesellschaftlichen Veränderungsprozeß. Eine Form der Körperkultur wurde durch eine andere abgelöst.

Ausführung des Dropstoßes
(aus: P. Heineken, Fußball, Stuttgart 1896, S. 178)

Das Turnen, also eine Form der körperlichen Betätigung, die noch vor relativ kurzer Zeit selbstverständlich erschien, wirkt heute völlig anders. Dies zeigt, wie sehr sich die Gesellschaft verändert hat und mit ihr die Vorstellungen über das, was normal und anormal, richtig und falsch, schön und häßlich, anständig und unanständig, interessant und uninteressant ist.

Uns erscheint Sport bzw. der Fußballsport keineswegs als „Fußlümmelei", sondern als selbstverständlich. Es gehört zum Alltag und gilt dazu als empfehlenswert – sei es für Schule oder Freizeit – und als pädagogisch wertvoll.

Es ist wichtig zu wissen, daß es nicht immer so war. Denn es könnte ja auch sein, daß das in der Zukunft einmal nicht mehr so sein wird.

Das deutsche Turnen

Eine Besonderheit des Turnens ist bereits kurz benannt worden, Turnen ist eine in Deutschland entstandene Form der Körperkultur. Das Turnen wird deshalb zu Recht als deutsches Turnen bezeichnet. Als Friedrich Ludwig Jahn sich um 1810 daran machte, verschiedene Übungen zur Turnkunst zusammenzustellen, tat er dies in der Absicht, einen Beitrag zur Befreiung Deutschlands von der napoleonischen Fremdherrschaft zu leisten. Doch nicht nur dies. Das Turnen sollte ein Mittel sein, Deutschland überhaupt erst zu schaffen. Denn zu Beginn des 19. Jahrhunderts war es recht schwer zu sagen, was Deutschland war, was ein Deutscher war. Die politische Landkarte zeigte eine Zersplitterung in viele kleine und einige größere deutsche Staaten, von denen Preußen und Österreich die bedeutendsten waren. Wer sich damals für die deutsche Nation aussprach, machte Front gegen die Teilstaaterei und die sie tragenden Fürstenhäuser. Wenn das Turnen also deutsch war, so war es dies zunächst im Sinne eines tendenziell revolutionären und demokratischen Nationalismus.

Gegen Ende des 19. Jahrhunderts hatte sich die Situation allerdings entscheidend geändert; mit Revolution und Demokratie hatte der deutsche Nationalismus nun kaum noch etwas zu tun. Man war konservativ und staatstragend geworden. 1871 war das Deutsche Reich entstanden. Allerdings war dieses Deutschland erst relativ spät zum Staat geworden, und aus dieser Situation resultierte eine gewisse Unsicherheit, die zu einer sehr weitgehenden Öffnung bzw. Abschließung gegenüber „Fremdländischem" führte. Der Fußball ist dafür ein Beispiel.

Man könnte nun meinen, im Streit zwischen Turnen und Sport, zwischen *deutschem Turnen* und *englischem Sport,* ginge es lediglich um die Frage, welche Übungen betrieben werden sollen; ob man also an Geräten turnt oder ob man spielt, Fußball spielt. Dies würde allerdings heißen, einige wesentliche Streitpunkte zu übersehen.

Sicher, die Turner waren zeitweise nicht sehr spielfreudig. Doch auch sie kannten Spiele. Wie zu zeigen sein wird, gehörte auch ein Fußballspiel eigener Art zu diesen Spielen.

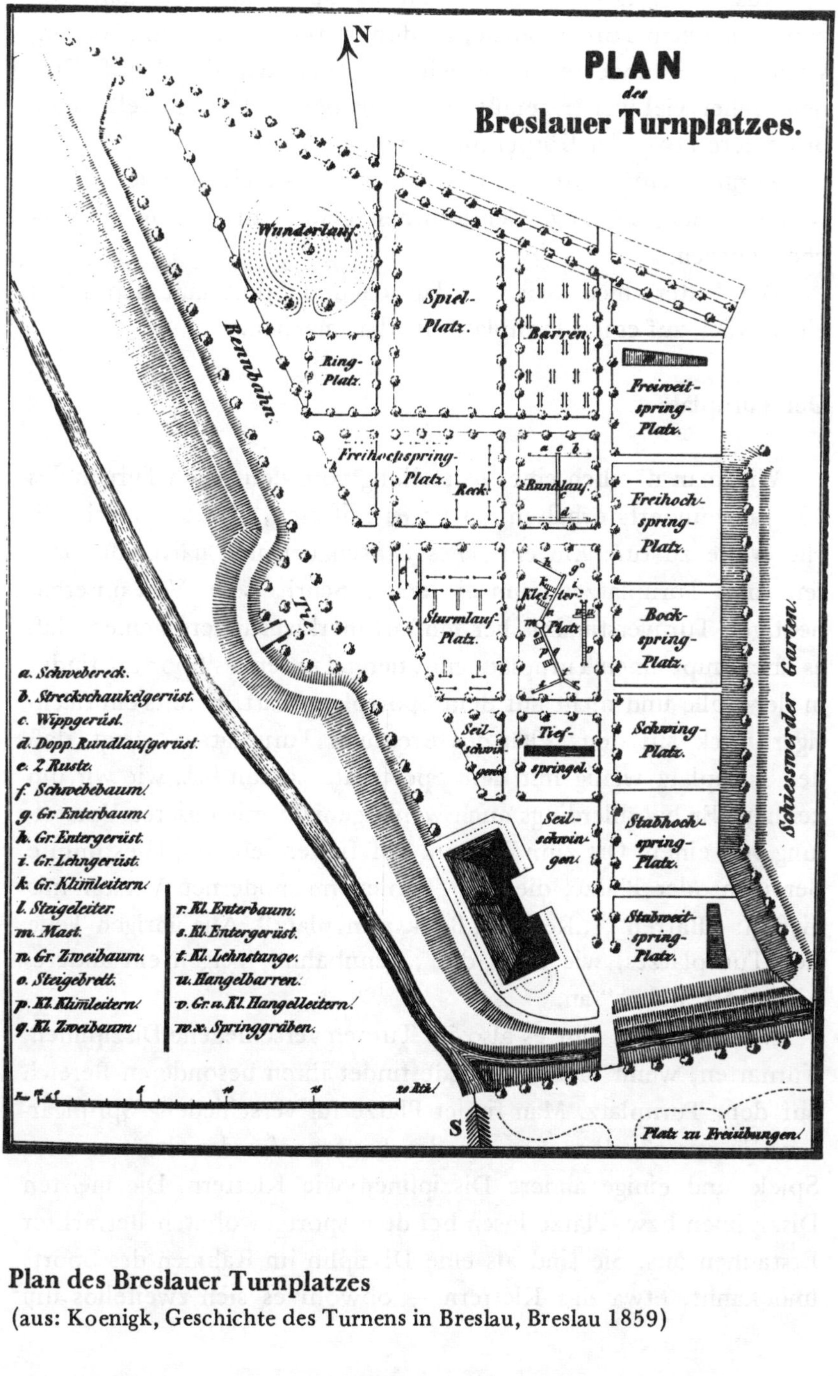

Plan des Breslauer Turnplatzes
(aus: Koenigk, Geschichte des Turnens in Breslau, Breslau 1859)

Aus der Tatsache, daß die Turner Spiele kannten, daß man zum deutschen Turnen Spiele, Laufen, Springen, Klettern, Werfen, Wandern und anderes zählte, wird deutlich, daß der Begriff Turnen früher viel weiter gefaßt wurde als heute. Turnen stellte eine besondere Form der Körperkultur dar.

Turnen war mehr als Geräteturnen. Manche Turner waren geradezu der Meinung, Geräteturnen gehöre nicht zum eigentlichen Turnen.

Der Unterschied zwischen Turnen und Sport läßt sich durch einen Blick auf einen Turnplatz sichtbar machen.

Der Turnplatz

Will man nämlich eine Vorstellung vom deutschen Turnen des 19. Jahrhunderts erhalten, so ist es hilfreich, dies auf anschauliche Weise zu tun. Ein einfaches Hinschauen und naives Betrachten eines Turnplatzes kann ein erster Schritt sein. Von unserem heutigen Turnverständnis her muß es merkwürdig erscheinen, daß es überhaupt einen Turnplatz gibt, denn Turnen als Sportart findet in der Halle und nicht auf dem Sportplatz statt. Bereits ein flüchtiger Blick auf den „Plan des Breslauer Turnplatzes" zeigt, daß der Turnplatz wenig mit dem Sportplatz zu tun hat, wie wir ihn kennen. Er hat allerdings auch wenig gemein mit unserer Vorstellung von einem Ort zum Turnen. Wir finden sehr wohl bestimmte Bereiche oder Plätze, die dem Turnen im modernen Verständnis dienen: „Barren", „Reck", „Bockspringplatz". Alle übrigen Teile des Turnplatzes, wie etwa die „Rennbahn", zeigen ein anderes „Turnverständnis" an.

Wie im Sport gibt es also im Turnen verschiedene Disziplinen, Turnarten, wenn man will. Jede findet ihren besonderen Bereich auf dem Turnplatz. Man findet Plätze für verschiedene Sprungarten, für verschiedene Formen des Laufens, für das Geräteturnen, Spiele und einige andere Disziplinen wie Klettern. Die meisten Disziplinen bzw. Plätze lösen bei dem sportgewohnten Betrachter Erstaunen aus. Sie sind als eine Disziplin im Rahmen des Sports unbekannt, etwa das Klettern – obwohl es sich zweifellos um

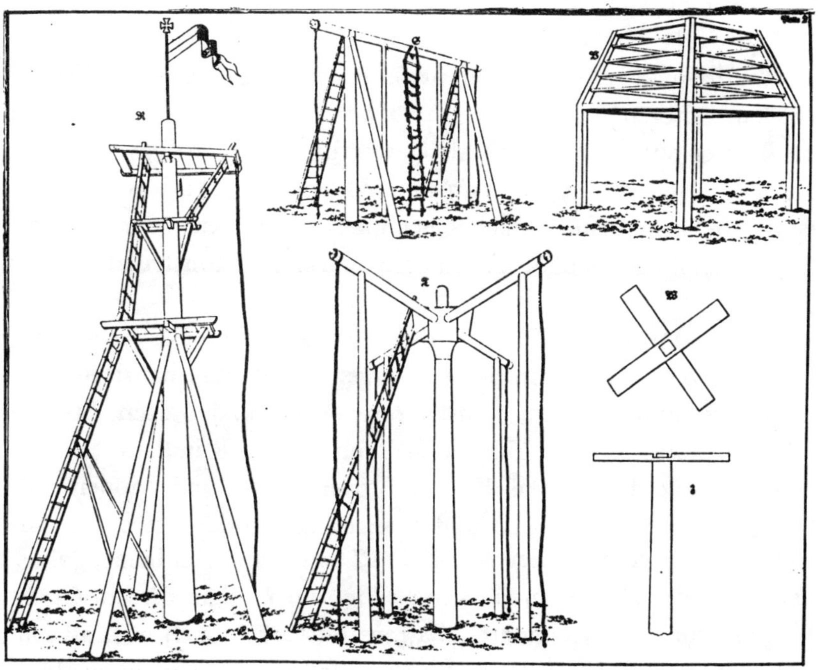

Klettergerüste
(aus: Jahn/Eiselen, Die Deutsche Turnkunst, Berlin 1816)

eine sehr wesentliche Form körperlicher Betätigung handelt. Das Klettern als solches ist uns jedoch noch bekannt. Anders sieht es da mit dem „Wunderlauf" aus, oder dem „Tiefspringel". Es wird zu untersuchen sein, was sich dahinter verbirgt.

Doch auch uns scheinbar vertraute Begriffe wie „Spielplatz" dürfen nicht zu voreiligen Schlußfolgerungen verleiten. Fußball oder irgendeines der uns bekannten Sportspiele hat man dort nicht betrieben, wohl aber den „Barlauf" und „Schwarzer Mann". Und auch das Geräteturnen im deutschen Turnen war nicht das, was uns heute als Turnen vorschwebt.

Geräteturnen und Drill

Im folgenden sollen exemplarisch nur einige typische Übungen jenes älteren Turnens vorgestellt werden.

Turnen erscheint heute als Geräteturnen. Allerdings sind uns die damaligen Geräte der Turner nur noch zum Teil bekannt. Im heutigen Turnen findet man aber immerhin noch viele der wichtigsten bereits damals benutzten und zum Teil neu konstruierten Geräte.

In der Anfangszeit des Turnens wurde „entdeckt, erfunden, ersonnen, versucht, erprobt und vorgemacht". Man hantierte mit Holzpferd und Tischen, konstruierte Recks und Barren, Strickschaukeln und Schaukelringe, Schaukelreck und Rundlauf, Schwebebalken und Turnbänke, Kästen, Sprungbretter und Wippen und kombinierte Leitern, Seile und Stangen. Besonders ist dabei der Barren zu erwähnen, der schon 1812 auf der Hasenheide, Jahns erstem Turnplatz, benutzt wurde. Wie sehr man an diesem Gerät hing, zeigte der sogenannte „Barrenstreit". Er brach aus, als ein preußischer Offizier in einflußreicher Stellung in der zweiten Hälfte des 19. Jahrhunderts auf dieses traditionsreiche Gerät verzichten wollte. Heute nicht mehr bekannt sind hingegen Geräte für viele neugeschaffene Übungen, wie die Wippen, Balanciergeräte und ähnliches, ferner aber auch Geräte, die dem Üben von allgemein bekannten Bewegungen dienten. So wurden gewaltige Klettergerüste zu Wahrzeichen der frühen Turnplätze; heute sind sie vergessen.

Was nun die Bewegungen selbst betrifft, so wurde schon in der Jahn-Zeit ein Bewegungskonzept sichtbar, von dem Jahn sich zwar absetzte, das jedoch im späteren 19. Jahrhundert immer wirksamer wurde, der Drill.

„Alle Turnübungen erfolgen gemeinsam... b) Die Übungen werden auf Befehl (Kommando) ausgeführt. Das Kommando zerfällt in das Anzeige- und das Ausführungskommando... Das Ausführungskommando bringt den Übungsbefehl, auf den sofort die Ausführung zu folgen hat... c) Zusammengesetzte Übungen, die in mehreren Übungszeiten ausgeführt werden, hat der Lehrer tunlichst durch Zählen, Handklappen oder Winke zu leiten, damit die Schüler jede Tätigkeit in der vorgeschriebenen Zeit und in kräftigen gleichzeitigen Bewegungen ausführen... k) der Lehrer halte stets auf gute Disziplin... Spricht der Lehrer mit einem Schüler, so hat sich dieser in straffer Haltung hinzustellen... Nur nach dem ‚Rührt euch!' ist den Schülern Unterhaltung gestattet."

So hieß es in einem Lehrbuch der Pädagogik noch 1908.

Zu diesem Drill, wie er keineswegs nur beim Militär, sondern auch in Turnvereinen und Schulen betrieben wurde, gehörte auch die Reglementierung der Haltung. Auch dies spielte bei Jahn selbst noch keine Rolle, wurde aber im fortschreitenden 19. Jahrhundert von seinen Nachfolgern immer stärker betont.

Bei einigen klang das dann so abstrakt-systematisch wie bei Adolf Spieß, der alle Haltungen und Bewegungen auf eine elementare, durch ihre Einfachheit ausgezeichnete Stellung zurückführte. „In dieser Stellung, ihrer einfachsten Tätigkeiten wegen Grundstellung oder Erste Stellung, ihrer Erscheinung nach Schlußstellung genannt, lassen sich am geeignetsten sowohl die abgeleiteten Stellungen, als auch die sonst ruhenden oder bewegenden Tätigkeiten der einzelnen Leibesteile... veranschaulichen und darstellen." – Bei anderen klang es eher schwülstig-anatomisch wie bei Otto Jäger:

„Die Körperwirkung ist ein vom Hirn ausgehender Zuck und Ruck, welcher einerseits den Kopf im Nacken hebt und feststellt... andererseits in der Spannung der Längsmuskeln das Rückgrat geradestellt, mit den Ringmuskeln aber erstlich die Rippen aufrichtet, die Brust hochwölbt und die Schultern ausladet, zweitens den Bauch abplattet, die Lenden gürtet und das Gesäß härtet, drittens endlich eben damit das Becken waagerecht stellt und das an ihm hängende Tastbein als Stützbein heranreißt, so daß nun in völlig gleicher Lastung und Stützung straff Schenkel an Schenkel, Knie an Knie, Wade an Wade, Ferse an Ferse schließt und in gleichmäßigem' federndem Abdrucke der rechtwinklig abstehenden Ballen und Zehen unter nur leichter lüftender Bodenberührung der Fersen der ganze Leib vollkommen aufgerichtet und gerade und fest steht."

Gemeinsam war allen diesen Turnweisen, daß die Körperhaltung nach bestimmten Regeln der Geradheit und Rechtwinkligkeit ausgerichtet wurde.

Der Wunderlauf

Unter diesen Umständen hatten auch solche Übungen, die uns Heutigen am damaligen Turnen vertraut erscheinen, bei genauerem Hinschauen doch einen fremdartigen Charakter. Sogar beim Laufen, wie es die Turner betrieben, ist dies der Fall. Werfen wir wieder einen Blick auf den „Plan des Breslauer Turnplatzes“ (siehe S. 53). Dort findet man oben links, zwischen Spielplatz und Rennbahn, einen besonderen Teil des Turnplatzes, der mit dem Wort „Wunderlauf“ versehen ist. „Löst“ man den Wunderlauf aus dem Turnplatz heraus, so kann man ihn etwas genauer erkennen.

Dabei scheint es sich zunächst um ein Labyrinth zu handeln. Sieht man genauer hin, so zeigt sich aber ein entscheidener Unterschied. Der Wunderlauf besitzt zwei Öffnungen, einen Eingang und einen Ausgang. (Die Pfeile auf der Zeichnung zeigen es an). Man gelangt also im Gegensatz zum Labyrinth wieder automatisch heraus. Man kann sich nicht verirren. Der Wunderlauf besitzt trotzdem einen besonderen Reiz. Ernst Eiselen, ein Mitstreiter Jahns, hat ihn wie folgt beschrieben:

„Die Irrgänge des Wunderkreises, – welche nur des wundersam gewundenen Pfades wegen diesen Namen verdienen, denn verirren kann man sich darin nie ...–, gewähren in ihrer Verschlungenheit einen sehr anziehenden Anblick, und jeder ist begierig, durch Auge und Fuß zu erfahren, wie auf dem kleinen Raume diese Menge von Pfaden ohne Verwirrung neben einander läuft, und zuletzt doch nur einen einzigen bildet.“

Mit dieser Beschreibung ist auch der „Nutzen“ des Wunderlaufs im Rahmen des Turnens bereits gekennzeichnet: „bei Erwachsenen und Kindern die Lust zum Laufen zu erregen und zu unterhalten, und so den Anstoß zu einer größeren leiblichen Regsamkeit zu geben.“

Die „Lust“ und „Unterhaltung“ am turnerischen Laufen, dies zeigt der Wunderlauf, ist eine andere als die des Sports.

Der Wunderkreis

Der Wunderlauf
(aus: E. Eiselen, Der Wunderkreis, Berlin 1837)

Wie man das Laufen auch einteilen kann

Die Aufforderung, das Laufen einzuteilen, wird dem, an den man sie heute richtet, so einfach sein, daß er sie vielleicht gar nicht versteht. Nun, eine Einteilung ist doch ganz einfach: 100 Meter, 200 Meter usw., kurz, die verschiedenen von der Leichtathletik vorgegebenen Distanzen. Vielleicht wird der eine oder andere noch auf den Hürdenlauf verweisen.

Auf diese Einteilung wäre ein Turner allerdings kaum verfallen. Turnvater Jahn hat eine völlig anders geartete Einteilung vorgenommen. Im Kapitel „Laufen“ seiner „Deutschen Turnkunst“ behandelte er zunächst die verschiedenen Laufbahnen, dann „Laufhaltung“ und „Laufregeln“. Es folgte dann die Einteilung des Laufens:

A. Das Rennen 1. das Schnellrennen, 2. das Dauerrennen

B. der Schlängellauf 1. das Schnellschlängeln, 2. das Dauerschlängeln

C. der Zickzacklauf

– der Schlangenlauf

– der Schneckenlauf

– der Kibitzlauf

– das Rückwärts-Laufen

– der Sturmlauf

– Lediglauf, Lastlauf.

Von heute aus gesehen, wird man nun vermuten, daß diese Arten des Laufens auch als Sportarten betrieben werden können. Dies ist theoretisch richtig. In der Praxis taten die Turner dies jedoch nicht. Das zeigen ihre „Laufregeln“ und ihre „Laufhaltung“.

Auch beim Schnellaufen, so verlangten es die turnerischen Regeln, sei Vorsicht geboten, Maß zu halten. Zum Schnellauf auf die Dauer bemerkte Jahn:

„Beim Wettrennen auf die Dauer gebührt dem der Preis, der den weitesten Raum, in der kürzesten Zeit, mit der mindesten Anstrengung zurücklegt, und am Ziele unerschöpft bei guten Kräften anlangt.“

Die Kriterien, die hier angelegt werden, mag man auch als „Sportler“ durchaus für sinnvoll halten, doch wird man sich als

„Sportler" fragen müssen, wie man so den Sieger feststellen und den „Preis" vergeben kann. Nur die Zeit und die Strecke lassen sich problemlos durch Messung feststellen.

Auch in bezug auf die für den Sport so charakteristische Form des Laufens, den Schnellauf, hatten die Turner also eine ganz andere Auffassung. Sie wird noch deutlicher, wenn man sich die „Laufhaltung" ansieht.

„Brust heraus! Oberleib vor, jedoch beim Schnellaufen mehr, als beim langsamen,
Schultern zurück!
Arme an! Oberarme nahe dem Leibe, Ellenbogen hinten aus! nur die Unterarme dürfen sich bewegen."

Man könnte diese Anweisungen im Sinne sportlicher Anleitungen zu guten Laufleistungen mißverstehen. Tatsächlich enthalten sie und die weiteren Vorschriften durchaus diese Momente, aber eben noch etwas ganz anderes: die Vorstellung einer guten, richtigen Laufhaltung. Dieses Anliegen wird besonders deutlich in Jahns Ausführungen über das „Gehen". Sie sind dem Laufen vorangestellt. Er beschäftigt sich hier zunächst mit dem

„Anstand im Gange. Hierzu gehört: Eine gerade natürliche Haltung des ganzen Leibes, besonders des Kopfes, ohne alle Künstelei und Ziererei; ein leichter, aber doch fester Tritt auf dem ganzen Plattfuß, nicht mit einer Seite früher als mit der anderen; Streckung der Knie bei jedem Niedertritt. Die Füße müssen ein wenig auswärts gehalten werden, sich aber in dieser Stellung nicht hin und her drehen."

Kurz, das Gehen ist „eine große Kunst". Sie muß bereits mit dem Kind betrieben werden. „Denn ein Jeder weiß, wie schwer es fällt, frühere schlechte Angewohnheiten im Gange wieder abzulegen."

Der Tiefsprung

Auf dem Plan des „Turnplatzes" findet man (über der Halle) einen „Tiefspringel". Es handelt sich hier um eine Anlage für eine besondere Sprungart, die dem Sport völlig fremd ist, den *Tiefsprung*.

Auch wenn der Sport keinen Tiefsprung kennt, so ist der Sprung in die Tiefe wohl jedermann bekannt: aus dem Kinderspiel. Der Tiefsprung gehört seit Jahn zum Repertoire der Turnübungen. In der *Deutschen Turnkunst* liest man:

„Jeder Tiefensprung geschieht nur von der Stelle, nicht mit Anlauf; ein richtiger Niedersprung ist dabei die Hauptsache. Er muß sehr auf die Zehen und mit nachgebenden Knien geschehen, jedoch müssen bei Berührung der Erde die Kniee noch wenig gebogen sein, damit sie nicht zu rasch nachgeben, und dadurch, wenn der Oberleib stark vorfällt, wohl gar gegen das Kinn stoßen.

In die Tiefe und Weite darf man nur mit großer Vorsicht und von geringen Höhen springen; ein Bach oder Graben mit ungleichen Ufern ist dazu sehr passend."

So weit die Beschreibung durch Turnvater Jahn.

Noch 100 Jahre später äußerte sich der Turnlehrer K. Koch, den man als *Fußballvater* bezeichnen könnte, weil er das Fußballspiel aus England nach Deutschland holte, begeistert über den Tiefsprung. Koch hielt den Tiefsprung für pädagogisch außerordentlich wertvoll. Wie man aus dem Kinderspiel wisse, sei der Tiefsprung eine gute Schulung des Mutes. Koch verstand als Turner – denn er war, obwohl er das Fußballspiel einführte, kein Sportler – etwas bestimmtes unter *Mut*. Ihn galt es in allen Leibesübungen nach Möglichkeit zu fördern.

„... es gilt auch beim kühnsten Sprunge (wie dem Pferdesprung) nie, nicht einmal für einen Augenblick, die Besonnenheit zu verlieren, die Schwierigkeit der Übung sowie die eigene Leistungsfähigkeit genau abzuschätzen und so alle Verwegenheit fernzuhalten."

Das Streben nach *Höchstleistungen* gehörte also nur so lange zum *Mut*, so lange es nicht Ausdruck von Leichtsinn, Unvernunft ist. Damit nicht genug:

„Seine tieferen Grundlagen erhält der Mut durch die gesamte Erziehung, die der Jugend die schönsten Eigenschaften unseres Volkes, das feste Gottvertrauen und eine unbedingte Pflichttreue, einpflanzen muß".

Der Mut soll letztlich dem Volk, einer Gemeinschaft, dienen. Ohne dieses höhere Ziel werde er „falsch geleitet" und könne „leicht verhängnisvoll werden".

Dem Sport könne man aber die „höheren" Ziele nicht nachsagen, dem Sport fehle es „an einem solchen letzten Endzweck", er sei gegen „Ausartungen" nicht geschützt.

Kreisfußball
(aus: Kloß, Katechismus der Turnkunst, Leipzig 1887)

Das Turnspiel: Kreisfußball und deutsche Spielart

Nach Geräteturnen und Drill, Lauf und Tiefsprung sei noch ein letzter Übungsbereich genannt, der das Eigentümliche des alten Turnens sichtbar macht: das *Turnspiel.*

„Kreisfußball. Die Spieler, deren 20 und mehr sein können, bilden mit Händefassen einen Kreis. Innerhalb desselben befindet sich der Balltreiber, welcher durch einen Schlag mit der inneren Fußkante den großen Stoßball durch die Zwischenräume der Spieler aus dem Kreise hinauszutreiben sucht. Jeder Spieler hat die Aufgabe, den Ball mit dem Fuße im Kreise zurückzuhalten. Vorher wird bestimmt, ob jeder Spieler den Zwischenraum zu seiner Rechten oder zu seiner Linken zu decken hat. Wer den Ball an der von ihm zu deckenden Seite aus dem Kreise hinausläßt, holt ihn zurück und wird Treiber; der bisherige Treiber tritt an seine Stelle in den Kreis. Stößt der Balltreiber oder auch irgend einer der im Kreise Stehenden den Ball über die Hände oder Köpfe der Mitspieler hinweg aus dem Kreise, so muß dieser Betreffende ihn selbst wieder holen und als Treiber das Spiel fortsetzen.

Wenn die Spielgesellschaft recht zahlreich ist, so kann dies Spiel auch mit zwei Treibern und einem oder zwei Bällen gespielt werden, wobei die allgemeinen Spielregeln ihre Geltung behalten."

Wenn man sich diese Spielbeschreibung ansieht, so wird klar, daß der Unterschied, die Differenz zwischen Turnen und Sport über die Frage der Auswahl angemessener körperlicher Übungen hinausgeht. Kreisfußball läßt sich kaum wie ein *Sportspiel* betreiben. Es gibt hier keine Mannschaften und keinen Gewinner. Das Spiel ist nicht wie beim *Sportspiel zielgerichtet.* Es gibt keine entsprechende Spannung, keine Spielzeit und keine Taktik. Selbstverständlich trainiert man für das Kreisfußballspiel nicht. Wir würden wohl nicht zögern, das Kreisfußballspiel als ein Kinderspiel zu bezeichnen. Mit den Augen des Sports betrachtet, erreicht das Kreisfußballspiel etwa das Niveau der sogenannten „kleinen Spiele" wie man sie aus dem Sportunterricht kennt.

Neben dem Kreisfußball kannten die Turner auch Turnspiele, die eine gewisse Ähnlichkeit mit den Sportspielen besitzen, Spiele, in denen zwei Gruppen gegeneinander antraten. Neben Spielen, die uns völlig unbekannt sind, wie etwa *Barlauf* (der „König der

Turnspiele") und *Tamburinball* sind *Schlagball* und *Faustball* zu nennen. Faustball wird auch heute noch betrieben, als versportetes Spiel allerdings.

Viel mehr als den Namen, den Ball und zwei Mannschaften haben *Turnspiel* und *Sportspiel* aber auch in diesem Falle nicht gemein. Sie unterscheiden sich im Spielverständnis völlig. So findet man in einer Sammlung der Turnspiele folgende Aussage über die Spielweise:

„Es ist für den Schläger Ehrensache, den Ball mit einem mächtigen Schlage hoch in die Luft zu treiben. Es muß als unziemlich betrachtet werden, den Ball, um das Auffangen zu verhüten, nach der Erde zu treiben. Ein hochgeschlagener Ball ehrt den Schläger wie Fänger."

Im Turnspiel nimmt man *Rücksicht* auf den Gegner. Man spielt weniger gegen – als miteinander. In einem Sportspiel kann man es sich nicht leisten, *Chancen* auszulassen und *leichte* Bälle zu spielen. Eine rücksichtsvolle Spielweise bringt keine *Ehre* ein, eher Verwunderung und Gelächter.

Diese besondere Spielauffassung findet man in allen Turnspielen im letzten Drittel des vorigen Jahrhunderts. „Das ‚Angeben' sowie das ‚Zurückschlagen' geschehe in dem ehrlichen Bemühen, seinem Gegner das Treffen leicht zu machen", heißt es in einer anderen Anleitung.

Ebenso kurios, wie uns diese Form des Spielens vorkommt, erschien den Turnern ein *sportliches* Spielverständnis. Dies zeigte sich in der Kritik an kampfbetonteren Spielweisen. Sie entwickelten sich seit der Jahrhundertwende immer stärker und führten schließlich zur Umwandlung vieler Turnspiele in sportliche Spiele. Überholt war, wie ein Beobachter bemerkte, das Prinzip, „dem Gegner günstige Gelegenheiten zu bieten. Reizvoller erschien es, dem Gegner das Spiel zu erschweren." Über die „neue", dem Sport mehr entsprechende Spielform machte man sich lustig und bezeichnete sie als „perfide".

Man höhnte über das neuzeitliche Faustballspiel:

„Man muß doch schon jetzt, wenn man einen anständigen Gegner hat, im Liegestütz spielen; da aber der Liegestütz eine der beliebtesten Übungen in der schwedischen Gymnastik ist, so wird freilich dadurch eine gute Haltung hervorragend gefördert."

Leistung und Haltung im deutschen Turnen

Es sind einige charakteristische Übungen des deutschen Turnens vorgestellt worden. Sicher ist es schwer anzugeben, was das deutsche Turnen genau war, es also zu definieren. Es hat sich in der Geschichte immer wieder verändert. Und doch ist es möglich, einige Gemeinsamkeiten zu bestimmen, wie sie am Turnen des 19. Jahrhunderts dem heutigen sportgewohnten Betrachter ins Auge fallen.

Wir finden im Turnen *keine Rekorde*, und alle Bestrebungen in diese Richtung wurden im 19. Jahrhundert zurückgehalten. Eine typische Turnerhaltung bringt folgender Ausspruch eines Turnlehrers zum Ausdruck: „Hervorstechende Leistungen Einzelner werden nicht gehindert; aber wir suchen sie nicht.“ Eine Äußerung, die man wohl von keinem Sportlehrer wird hören können. Dort, wo man turnerische Leistungen maß, dienten die Maße weniger der Feststellung von individuellen Höchstleistungen als der der Leistungsbreite, denn „ein Gewisses ist von Allen zu fordern, abgesehen von individuellen Anlagen“. So erläuterte ein Berichterstatter in einem Turner-Jahrbuch seine „Freude“ über die „besten Ergebnisse der volkstümlichen Übungen der deutschen Jugend“ mit den Worten:

„Nicht gerade in Bezug auf die erreichten Leistungsziffern, so achtenswert sie auch sind. Denn es sei auch diesmal wiederholt, ob in der oder jener Laufstrecke... um einige Sekunden...bessere Höchstleistungen erzielt werden als im Vorjahr, das ist im Grunde genommen herzlich gleichgültig.“

Hiermit versuchte sich der Verfasser deutlich, von *sportlichen* Einstellungen, wie sie gegen Ende des 19. Jahrhunderts immer stärker wurden, abzusetzen. In welcher Form diese Auseinandersetzung auch geführt wurde, zeigt Plancks Polemik gegen die „Fußlümmelei“.

Die *Gleichgültigkeit* gegenüber Höchstleistungen ergab sich im Turnen zunächst aus einer bestimmten *pädagogischen* Einstellung. Es ging ja um die körperliche Schulung breiter Volkskreise. Diese wünschte der Turnvater Jahn, um einen Beitrag zur Befreiung Deutschlands von der napoleonischen Fremdherrschaft und zur Einigung Deutschlands zu leisten. Hundert Jahre später, um 1900, wünschte man sie dann primär aus dem Interesse, die Konkurrenzfähigkeit Deutschlands auf militärischem und ökonomischem Sektor zu erringen oder zu bewahren. Dazu war eine körperlich gekräftigte Jugend erforderlich.

Das deutsche Turnen kannte einen festen Übungskanon, der diesen Zwecken dienen sollte. Heftig gestritten wurde, was zum Turnen gehörte und was nicht. Man entwickelte die verschiedensten Systeme, die sich mehr oder weniger deutlich unterschieden. Gemeinsam war jedoch allen Systemen, eine wie auch immer begründete Körperschulung anzustreben. Hierauf richteten sich die Bemühungen. Jedes Zuviel an Leistung war deshalb auf das Entschiedenste abzulehnen. „Maß zu halten in allen Dingen ist eine alte weise Regel, die besonders auch bei der Gymnastik wohl zu beachten ist. Die übertriebene Anstrengung der Kräfte schwächt oder vernichtet sie wohl ganz, statt sie zu stählen und zu stärkken." Es ist sogar behauptet worden, daß die neuerliche Trimm-Aufforderung „Laufen ohne zu Schnaufen" auf Jahn zurückgeführt werden könne. Im „Trimmen" versucht man, oft mit gewissen Schwierigkeiten, ein nicht-sportliches Leisten durchzusetzen. Es soll jede Überanstrengung vermieden werden.

Das turnerische Leistungsprinzip läßt sich nun wie folgt zusammenfassen (nach H. Bernett):

1. *Setzung einer Höchstgrenze:* Man setzte eine Leistungsmarke, über die hinaus keine Leistungsbewertung mehr geschah.
2. *Vorzug der relativen Leistung:* Man verrechnete die Weiten des Steinstoßens, des Hoch- und Weitsprungs mit den Körpermaßen des Turners. Nicht um den besten Sprung ging es, sondern um den besten Springer.
3. *Vorzug der Mehrkampfleistung:* Man schätzte eine vielseitige Leistung in verschiedenen Disziplinen höher als die einseitige Höchstleistung in einer einzelnen Übung.
4. *Siegeserklärung der Besten:* Man stellte nicht (oder nicht mehr) den einzelnen Sieger heraus, sondern die Besten, zum Beispiel die ersten drei.

5. *Verbot des Trainings:* Da der Wettkampf nicht eine einmalige Extremsituation, sondern die allgemeine und ständige Tüchtigkeit prüfen sollte, wurde das Training verachtet oder gar verboten.
6. *Ideal der schönen Haltung:* Die Beherrschtheit des Körpers ging als Bewertungsmaßstab in den Wettkampf ein; zum Beispiel machte das Hinfallen beim Niedersprung den Weitsprung ungültig.

Man würde jedoch einem allzu vordergründigen Verständnis aufsitzen, wenn man die Einstellung der Turner auf *pädagogisches Denken* zurückführen würde. Die Tatsache, daß die (heutigen) Sportpädagogen, eben weil ihre pädagogischen Bemühungen auf den Sport gerichtet sind, anders denken und andere Begründungen liefern, zeigt, daß es keine *natürliche* pädagogische Einstellung gibt.

Die Einstellung der Turner zur Leistung war Teil einer allgemeinen gesellschaftlichen Einstellung zur Leistung und wandelte sich mit dieser bis hin zum heutigen Sport. Die „Pädagogik" geht immer von dem aus, was die gesellschaftlichen Entwicklung ihr anbietet. Heute ist dies der Sport, damals war es das Turnen.

Wie wenig pädagogisch „rational" das turnerische Bewegungsverhalten war, zeigt sich besonders an der Haltung.

Sie „bevorzugen bekanntlich Bewegungen mit gestreckten Gliedmaßen und gestrecktem Rumpf; wenn sie notgedrungen andere Bewegungen ausführen lassen, die infolge der Starrstellung irgend eines Gelenkes gar nicht gelingen würden, so beginnen sie wenigstens in einer Streckhalte und kehren in diese zurück. Bewegungen und Haltungen werden dabei auf ein rechtwinkeliges Achsenkreuz bezogen; jene Halten werden bevorzugt, die den drei Hauptrichtungen des Raumes entsprechen. Der Körper des Turnenden wird winkelig, vornehmlich rechtwinkelig geknickt. Bei den sogenannten Freiübungen erscheint diese Eigentümlichkeit am deutlichsten; die Grundstellung, starr, aufgereckt, mit rechtwinkelig gestellten Füßen, drückt sie vollendet aus. Aber auch die akrobatischen Stücke des deutschen Geräteturnens passen sich der winkelig starren Bewegungsweise an, soweit die Eigenart der Kunststücke das zuläßt. Gehen, Laufen, Springen wurden lange Jahre im deutschen und im schwedischen Turnen in das Geradlinige stilisiert." (K. Gaulhofer).

Links: „Bequeme Haltung“ Rechts: „Militärische Haltung“
(aus: K. Gaulhofer, Die Fußhaltung, Kassel 1930, 197)

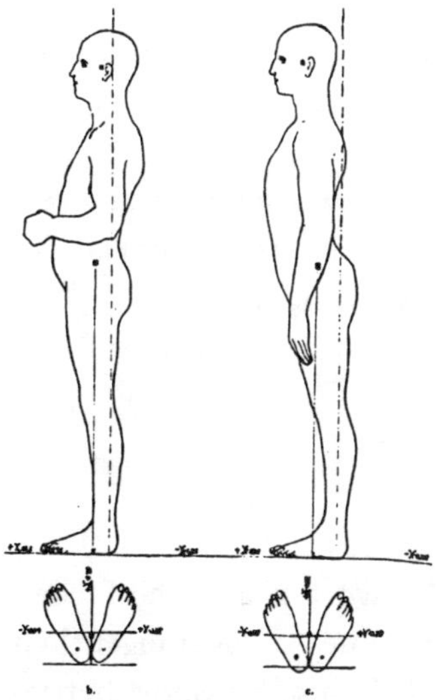

„Rückstoß über den Kopf“. Diese „Momentaufnahme“ diente Planck als Vorlage für seine Karikatur auf der Titelseite
(aus: Zeitschrift für Turn- und Jugendspiele 5(1896)115)

Dasselbe zeigte sich in der Fußhaltung. Man kann die Stellung der Füße als ein „Meßinstrument“ des Bewegungsverhaltens ansehen. „Jeder Wechsel der Beinstellung verändert ja zwangsläufig das gesamte Haltungsbild und zwar nicht nur körperlich, sondern auch dem Ausdruckswert nach.“

Das deutsche Turnen verwandte die sogenannte „Winkelstellung“, eine Stellung mit geschlossenen Beinen und mit gewinkelten Füßen als Grundstellung. Diese uns sehr merkwürdig erscheinende Haltung wurde nicht nur für natürlich, schön und erstrebenswert gehalten, sondern auch als die „gesunde Stellung“ bezeichnet. Im medizinischen Schrifttum der Zeit stellte man sie als die anatomisch und bewegungsphysiologisch richtige Stellung dar.

Nicht – wie man zu Plancks Zeiten annahm – aus „pädagogischem Denken“ heraus, aus irgendeiner „natürlichen“ Vorstellung von „Gesundheit“ oder sonst irgendeiner „Rationalität“ kam man zur eigentümlichen Form der turnerischen Leistung und Haltung. Sondern alle jene pädagogischen Schriften sollten das praktizierte Bewegungsverhalten nur *rechtfertigen.* Und sie wandelten sich mit ihm, um danach ein anderes, neues Verhalten zu rechtfertigen. Sollte dies bedeuten, daß auch heute – in der Zeit des Sports – unsere Körperkultur nicht so „rational“, „gesund“ und selbstverständlich ist, wie sie sich darstellt? Das sie ebenfalls veränderlich ist? Und daß sie ebenso, wie sie zur Zeit von Plancks „Fußlümmelei“ entstand, auch wieder verschwinden kann?

Aber schauen wir uns den Sport an, der um 1900 seinen Siegeszug antrat.

Der Sport

Was ist Sport? Oft erweisen sich Antworten auf „einfache“ Fragen am schwierigsten. Hier sollte doch eine Antwort eigentlich leicht fallen. Jeder kennt „Sport“, viele haben selbst Sport betrieben. Verglichen mit vielem, was das heutige Leben lebenswert oder unlebenswert macht – sei es mit der Technik, der Wirtschaft oder der Politik – erscheint Sport in der Tat als etwas „Einfaches“.

Es kann manchmal hilfreich sein zu wissen, was eine Sache nicht ist. Das Turnen stellt sich, wie gezeigt wurde, in sehr unterschiedlichen Systemen dar. Es ist also nicht ganz leicht festzustellen, ob eine Übung zum Turnen zu zählen ist oder nicht. Dic Turner waren darüber auch oft uneins. Es konnten jedoch einige Bestimmungen gegeben werden, die ziemlich sicher die Feststellung erlauben, was Nicht-Turnen ist. Turnen gibt es immer nur als System, da es „allseitig“ ausbilden will. Bestimmte körperliche Übungen aber erfüllen nicht diese Anforderungen. Die (einzelnen) Übungen besitzen keinen Selbstzweck. Sie sind an die Ziele der Turnkunst gebunden. Wenn man nun versucht, sich auf diesem Wege dem Sport zu nähern, so ergeben sich aber bald Schwierigkeiten. Was ist Sport *nicht?* Was ist *Nicht-Sport?*

Die Antwort fällt schwer, weil so vieles Sport sein kann.

„Die Antwort ist durchaus nicht einfach, denn unter Sport

fassen wir die scheinbar disparatesten Tätigkeiten zusammen, wie z.B. Jagd und Briefmarkensammeln oder Segeln und Schachspielen, die alle unter den Hut einer Begriffsbestimmung zu bringen sind.“

Diese Äußerung von 1910 über den Sport faßt das Problem sehr schön. Es bietet sich an, den Gedankengang des Autors (H. Steinitzer) weiter zu verfolgen. Denn in den „Umbruchszeiten“ ist vieles noch nicht festgelegt und erscheint weniger selbstverständlich. Fragen drängten sich den Zeitgenossen eher auf als uns, denen das Unselbstverständliche inzwischen selbstverständlich geworden ist.

Da sich im Sport die „disparatesten“ Tätigkeiten vereinigen, also nicht nur Tätigkeiten, die den Namen „körperliche Übungen“ verdienen, läßt sich über dieses Kriterium nicht festlegen, was kein Sport ist. Sehen wir uns an, wie H. Steinitzer sich diesem Problem stellt:

„Fast alle bisherigen Definitionen sind an dieser Klippe (den ‚disparatesten Tätigkeiten‘) gescheitert. Man versuchte sie zu umgehen, indem man einige Sportarten, etwa Briefmarkensammeln oder Schachspiel, vom Sport ausschloß und andere, meist die sogenannten körperlichen Erholungstätigkeiten, zu einer Einheit willkürlich zusammenzog.“

Man wird feststellen können, daß dies ein auch heute noch oft beschrittener Weg ist. Daß er „willkürlich“ ist, zeigt sich daran, daß man leicht in Streit gerät, was dazu gehört und was nicht. Man wird heute bei der Frage, was man aus dem Sport ausschließen soll, zunächst auf andere „Sportarten“ verfallen, etwa die Autorennen. Das Problem bleibt jedoch das gleiche. Aus den angedeuteten Schwierigkeiten kann man den Schluß ziehen, daß es eben keinen Sportbegriff gibt, keinen der verbindlich ist. Es gibt nur verschiedene subjektive Definitionen.

„Aber es interessiert uns weniger, was der oder jener für Sport hält und was nicht, als zu wissen, was alle Tätigkeiten, die nun einmal als Sport bezeichnet werden, Gemeinsames enthalten.“

Jeder Versuch einer willkürlichen Definition muß also ein wesentliches Moment des Sports bereits von vornherein unberücksichtigt lassen. Wenn man die Gemeinsamkeit der Tätigkeiten, die man als Sport bezeichnet, fassen will, so bietet sich die Möglichkeit, „alle Merkmale auszuscheiden, die nicht sämtlichen Sportarten gemeinsam sind". Doch kann dieser Weg zum Ziel führen? Tun wir dies, „so bleiben uns schließlich nur jene (Tätigkeiten) in der Hand, die zur Ausübung überhaupt jeder menschlichen Tätigkeit erforderlich sind, und unsere Definition wird gänzlich nichtssagend".

Dies mag überraschen, doch die Behauptung läßt sich kaum bestreiten. Sie wird verdeutlicht, wenn man sich erinnert, daß es Tendenzen gibt und gab, Tätigkeiten als Sport zu betreiben, an die der „normale" Mensch, der durchschnittliche Sportinteressent, nicht im Traume denkt. Aus der englischen Sportgeschichte lassen sich die „kuriosesten" Beispiele anführen, Tierkämpfe oder die Wettkämpfe von Kleinkindern oder Krüppeln. Auch eine Zeitungsmeldung unserer Tage wirft ein Schlaglicht auf dieses Problem: „1971 wurde aus New York ein erstes ‚International Sex Bowl' gemeldet, bei dem der Koitus mit Jury, Punktsystem, Publikum usw. zur Sportart erhoben werden sollte." Gerade die Tatsache, daß es sich hierbei um eine Zeitungsente handelte, zeigt, daß man diese Sportart ebenso für möglich hält wie die zahlreichen Nachrichten über Wettessen und Dauerküssen. Bereits Anfang des Jahrhunderts formulierte Steinnitzer: „Wir behaupten von Tätigkeiten, die niemals für Sport im gewöhnlichen Sinne gehalten wurden, daß sie als Sport ausgeübt werden könnten."

Damit scheint eine Lösung der Frage „Was ist Sport?" endgültig unmöglich zu werden. Doch das Gegenteil ist der Fall. Der alltägliche Gebrauch des Wortes Sport, „der unsere Aufgabe hoffnungslos zu erschweren scheint, führt uns tatsächlich auf die Fährte zu ihrer Lösung":

„Das Gemeinsame des Sportbegriffes liegt eben nicht in einer Gleichheit oder Ähnlichkeit der als Sport bezeichneten Tätigkeiten, sondern in der Art ihrer Ausführung. Jede beliebige, wie immer geartete Tätigkeit kann als Sport betrieben werden."

Wenn man wissen will, was Sport ist, so muß man sich also zunächst von einer gängigen Verbindung lösen. *Sport hat zunächst nichts mit körperlichen Übungen zu tun. Er läßt sich ausgehend von Körperkultur bzw. Leibesübung nicht bestimmen.*

Dies ist nun ein überraschendes Ergebnis. Die heute vorherrschende Form der Leibesübungen läßt sich demnach nur bestimmen, wenn man sie nicht als solche ansieht. Dieser Widerspruch ist beunruhigend. Er findet aber Bestätigung in der Tatsache, daß viele körperliche Tätigkeiten, als Sport betrieben, keine Übung des Leibes sind, sondern eine Schädigung. Dies tritt um so deutlicher hervor, je konsequenter eine Übung als Sport betrieben wird. Es gilt auch für den Sport insgesamt, nicht etwa nur für den Spitzensport.

Im folgenden soll „Sport" näher bestimmt werden. Dafür ist, wie die bisherigen Überlegungen ergeben haben, eine Betrachtung bestimmter Tätigkeiten, bestimmter Sportarten als Formen motorischen Handels, also wenig hilfreich. Wichtig ist vielmehr die „Art ihrer Ausführung". Dies macht Handlungen zu „Sport". Die Prinzipien, unter denen sich sportliches Handeln vollzieht, hat C. von Krockow in den „prägenden Prinzipien" des Sports zusammengefaßt: *modernes, rekordhaftes Leisten, Konkurrenz und Gleichheit.*

Modernes, rekordhaftes Leisten

Das neue und spezifische Leisten des Sports läßt sich von der Geschichte des Leistungsbegriffs her deutlich machen. Da gab es zunächst einen älteren Begriff „leisten". Dieses „Leisten" hieß seit dem Mittelalter und heißt zum Teil heute noch: einer Verpflichtung nachkommen, etwas Schuldiges tun oder erfüllen. Man leistete und leistet einem Befehl Folge, man leistet Zahlung, Dienste, Treue, Gehorsam, Pflicht, Hilfe und Unterstützung. Stets erhielt das Leisten dabei seinen Inhalt erst von einer Verpflichtung her (sprachlich: von einem Objekt her), von einer Verpflichtung, die es zu erfüllen galt.

Neben diesen Leistungsbegriff trat gegen Ende des 18. Jahrhunderts ein anderer. Bei diesem verblaßte zunächst das Objekt, die Verpflichtung: Man leistete „etwas", „viel" oder „wenig". Dann fiel das Objekt ganz fort: Man konnte jetzt vom „Tun und Leisten" eines Menschen, vom „Leisten" als solchem sprechen.

Dieses neue Leisten wurde nun zu einem Zentralbegriff unserer sogenannten „Leistungsgesellschaft" und zu dem Zentralbegriff des modernen Sports. Wie kann man es inhaltlich noch näher bestimmen?

Zunächst gehörte dazu die Betonung einer Leistungsfähigkeit. Die Leistung verwies also auf Fähigkeiten des einzelnen zurück Das konnte unter den Bedingungen der (zusammenbrechenden) ständischen Adelsgesellschaft als befreiend empfunden werden, erwies sich aber auf längere Sicht als ziemlich zwiespältige Errungenschaft.

Dann war die neue „Leistung" auch, indem sie nicht mehr an eine vorgegebene Verpflichtung (sprachlich: an ein Objekt) gebunden war, jetzt unbegrenzt steigerungsfähig. Leistung trat zunehmend mit Steigerungsbegriffen in Verbindung, die die jeweilige Leistung auf einer Skala zwischen Weniger und Mehr anordneten: Best-, Durchschnitts-, Gipfel-, Glanz-, Hoch-, Höchst-, Maximal-, Mehr-, Meister-, Mindest-, Rekord- und Spitzenleistung. Höhepunkt dieses Leistungsbegriffs wurde der „Rekord", wie er gegen Ende des 19. Jahrhunderts im Sport auf seinen Begriff kam. Jetzt begann man, systematisch auf internationaler Ebene Leistungsausscheidungen zu organisieren, notierte Weltrekorde, arrangierte Weltmeisterschaften und schließlich – seit 1896 – als Spitzenebene die Olympischen Spiele.

Diese Steigerungsbegriffe waren zugleich quantitativer Art, sie zielten auf Zahlen und Maße. Von „Leistung" sprechen, hieß jetzt, über Zentimeter, Gramm und Sekunde, über Punkte oder Torverhältnisse sprechen. Darin spiegelte sich insbesondere die Verbreitung der c-g-s-Sportarten, in denen es um gemessene Strecken-, Gewichts- und – vor allem – Zeitleistungen ging. Die Voraussetzung war damit geschaffen für die Zahlen gefüllten Sportseiten unserer Zeitungen (und nur die Wirtschaftsseiten sind, was die Zahlenfülle betrifft, den Sportseiten vergleichbar). Dieses Messen erfaßte auch keineswegs nur die Spitzenleister, sondern seit Beginn des 20. Jahrhunderts schuf man Sportabzeichen für jedermann mit meßbaren Leistungsnormen, und in den Schulen wurde von nun ab die Sportleistung jedes einzelnen Schülers vermessen.

Was es heißt, wenn eine Handlung dem modernen Leisten unterworfen wird, kann an einem Beispiel, am Alpinismus, verdeutlicht werden. Hier zeigt sich das moderne Leisten in folgenden Momenten: a) dem Streben nach Erstbesteigungen, b) der Besteigung eines Berges in einer bestimmten Zeit, das heißt dem Streben nach schnellen Besteigungen, c) den Besteigungen unter immer schwierigeren Bedingungen. Die Geburt des sportlichen Alpinismus kann man geradezu auf die Erstbesteigung des Wetterhornes (1854) legen. Sie wurde zu dem alleinigen Zweck unternommen, den allerhöchsten Punkt zu erreichen, obwohl die Spitze bereits früher bis auf wenige Meter bestiegen worden war. Nur unter sportlichen Gesichtspunkten war diese Besteigung, die das Erreichen des höchsten Punktes zum Ziel hatte, sinnvoll.

Sind viele Berge bereits bestiegen, stellt sich der Zwang, neue Möglichkeiten für die Entfaltung des alpinen Leistens zu finden. Das Ausweichen in ferne Länder ist ein Beispiel. Das Leisten bleibt damit allerdings prinzipiell auf dem gleichen Niveau. Eine Grenze wird dadurch umgangen, daß man die Besteigungen unter schwierigen Bedingungen noch einmal vornimmt. Es sind nun wieder Erstbesteigungen möglich. Diese Methode, in der sich das moderne Leisten sehr „prägend" ausdrückt, beherrscht gerade heute wieder den Alpinismus. Man hat von einer „sportlichen Wende" gesprochen. Die modernen Alpinisten haben sich wieder die Möglichkeit von Erstbesteigungen geschaffen. Sie verzichteten auf die umfangreiche technische Ausrüstung, mit der viele Besteigungen erst möglich wurden, und fordern das „einfache Klettern", den direkten Vergleich Mensch und Berg ohne jeden „unnötigen" technischen Aufwand.

Das moderne Leisten stößt immer wieder, besonders im Bereich körperlicher Betätigung, an Grenzen. Es akzeptiert diese natürlichen Grenzen jedoch nicht, sondern versucht, sie zu umgehen.

Gegenüber allen anderen Formen des Leistens läßt sich das moderne, das rekordhafte Leisten also vor allem durch zwei Momente näher bestimmen:

1. Das Streben nach Steigerung von Leistung ohne Begrenzung;

damit verbunden ein Streben nach linear-skalarer Meßbarkeit der Leistung und also ein Streben nach Standardisierbarkeit, Graduierbarkeit und Quantifizierbarkeit.

2. Die Reduktion des modernen Leistens auf sich selbst; rekordhaftes Leisten ist Selbstzweck und nicht weiter begründbar.

Konkurrenz

Sportliche Übungen sind ohne Wettbewerb, ohne Kampf, schlecht vorstellbar. Das Turnen dagegen sehr wohl. Konkurrenz ist also weder schlicht „natürlich" noch ist es auch nur die notwendige Form, in der der Wettkampf ausgetragen wird. Beim Turnspiel gibt es wesentlich ein „Miteinander" der Mannschaften, kein Gegeneinander wie im Sport. Jeder Wettkampf stellt sowohl ein Miteinander als auch ein Gegeneinander dar.

Je nach der Gewichtung beider Elemente kann man verschiedene Formen der Wettkämpfe unterscheiden. Im Vergleich mit dem Turnen mag nun die sportliche Konkurrenz als egoistisch und gewalttätig, also als verwerflich erscheinen. Die Kritik am Sport (ob es die turnerische Kritik war oder die der Arbeitersportler oder heutiger Sportkritiker) setzt ja nicht selten an diesem Konkurrenzprinzip an.

Dieser Kritik soll keineswegs die Berechtigung abgesprochen werden. Doch kommt es darauf an, was man vergleicht. Vergleicht man nämlich den modernen Sport mit seinen Vorläufern in den Wettkämpfen der frühen Neuzeit, so bekommt man eher den Eindruck einer Tendenz zur Minderung der Gewaltsamkeit, zur Dämpfung der Aggressionen, zu einer „zivilisierteren" Form.

Der Fußball kann als Beispiel dienen. Nicht selten kritisiert man ihn als „roh" und hebt seine Gefährlichkeit hervor. Dies mag seine Berechtigung haben. Doch die Maßstäbe, die man so an den Fußball anlegt, wie er heute gespielt wird, sind dann sehr hoch. Werfen wir einen Blick auf das Gewaltniveau in der Frühphase des „Fußballs".

1602 schilderte ein Bericht das Hurling, eine Art Hockey, in Cornwall.

„Verschiedene Arten von Siegern"
(aus: Festzeitung für das neunte deutsche Turnfest 1898)

„Zwei oder mehr Gentlemen bringen in der Regel das Spiel in Gang, indem sie verabreden, an einem gewissen Feiertag an einem gewissen Ort zwei, drei oder mehr Kirchspiele des Ost- oder Südviertels zusammenzubringen, um gegen ebenso viele andere des West- oder Nordviertels zu hurlen. Ihre Male sind entweder die Häuser dieser Gentlemen oder irgendwelche Städte oder Dörfer, drei oder vier Meilen auseinander, die von jeder Seite nach der Nähe zu ihren jeweiligen Wohnorten gewählt werden. Wenn sie aufeinandertreffen, wird weder Zahl noch Stärke der Männer verglichen, sondern ein silberner Ball wird hochgeworfen, und die Mannschaft, die ihn fangen und durch Gewalt oder Geschicklichkeit zu dem bezeichneten Platz bringen kann, erhält den Ball und den Sieg. Wer immer den Ball zu fassen bekommt, sieht sich in der Regel von der gegnerischen Partei verfolgt. Und sie geben nicht auf, bis er – ohne Respekt gesagt – flach auf Gottes Erde gestreckt ist, welcher Sturz ihn hindert, den Ball weiterhin festzuhalten. Er wirft diesen daher – auf die Gefahr des Abfangens hin... – einem seiner Spielgenossen zu, weit weg vor ihn hin, und dieser macht sich auf dieselbe Weise damit davon. Diejenigen, die sehen, wohin der Ball gespielt wird, machen ihre Genossen darauf aufmerksam und schreien ‚Vorsicht Ost‘, ‚Vorsicht West‘, etc., je nachdem wie der Ball gespielt wird.

Die Hurler nehmen den direktesten Weg über Hügel, Täler, Hecken, Gräben, ja durch Büsche, Dornensträucher, Sümpfe, Teiche und Flüsse, was auch immer. So sieht man manchmal 20 oder 30 im Wasser liegen und sich abmühen, sich um den Ball reißen und kratzen. Ein Spiel – wahrlich – so roh wie rauh und sogar, da es nicht frei von Politik ist, in gewisser Weise den Kriegstaten ähnlich. Denn man muß Abteilungen draußen hinauslegen, von der eigenen Partei, um denen, die mit dem Ball ankommen, entgegenzutreten, und von der anderen Partei, um ihnen in der Art von Stürmern zur Hilfe zu kommen. Andere Trupps wiederum liegen seitwärts auf der Lauer, wie Flügel, um das Entkommen zu unterstützen und aufzuhalten. Und wo der Ball selbst entlang getragen wird, sieht es aus wie der Zusammenstoß zweier Hauptschlachtarmeen. Die zu Fuß langsamsten, die als Nachzügler folgen, unterstützen die Rückwärtigen.“

Gleichheit

Die sportliche Konkurrenz ist ohne Gleichheitsprinzip undenkbar. Die Gegner erkennen sich als gleich an, jedem werden die gleichen Ausgangschancen eingeräumt.

Wie schwer es ist, Menschen in bestimmter Hinsicht als gleichwertig anzusehen, läßt sich an Spielen ablesen, in denen Erwachsene mit Kindern spielen. Es fällt etwa dem Vater oft schwer, gegenüber seinem kleinen Sohn eine Niederlage zuzugestehen, da er um seine Autorität fürchtet. Die „Gleichheit" im Spiel widerspricht der Ungleichheit im alltäglichen Leben.

In vielen vergangenen Gesellschaften lebten die Menschen in Verhältnissen, die es ihnen nicht möglich machten, einander als „gleich" anzusehen. Daß ein Adliger ebenso ein Mensch sei wie ein einfacher Bauer, wäre weder dem Bauern noch dem Adligen in den Sinn gekommen. (Es mag hier der Hinweis genügen, daß es dem einfachen Volk verboten war, Waffen zu tragen). Man kann kaum annehmen, daß beide sich in einem Wettkampf als Gleiche anerkannt hätten, sich gegenseitig dieselben Chancen eingeräumt hätten. Das Verhältnis von Herr und Knecht war so festgelegt, daß es allenfalls im Fasching, das heißt für eine sehr begrenzte Situation, aufgehoben werden konnte.

Wie unmöglich es war, von der sozialen Ungleichheit abzusehen, die Vorstellung von der Gleichheit der Menschen zu entwickeln, kann folgendes Zitat verdeutlichen:

„Tatsache ist es, daß die Tocher des Königs beim Spiel mit ihrem Kindermädchen dessen Hand betrachtete und zu ihm, nachdem sie die Finger gezählt hatte, sagte: ‚Wie, auch Sie haben fünf Finger, genau wie ich?' Und dann zählte sie noch einmal ihre eigenen Finger, um ganz sicher zu sein." (Chamfort).

Die Gleichheit der Menschen, wie sie sich im Sport zeigt, hebt den Sport deutlich von anderen Wettkampfformen ab. Es bleibt aber zu überlegen, was das Gleichheitsprinzip im Rahmen des Sports meint. Jeder hat die gleiche Chance. Nehmen wir an, die sportliche Wirklichkeit entspräche tatsächlich überall diesem Grundsatz. In der sportlichen Konkurrenz werden Sieger und Besiegte festgestellt, bzw. verschiedene Plätze ermittelt. Mittels

Konkurrenz wird also die Ungleichheit zwischen den Beteiligten festgestellt. Der Wettkampf ist normalerweise so eingerichtet, daß es „Unentschieden“ oder gleiche Plätze, also gleichwertige Leistungen möglichst nicht gibt.

„Wenn jemand ein Wettrennen verliert, dann bedeutet das sicherlich, daß er ganz persönlich nicht so gut rennen kann wie seine Rivalen. Aber Wettkämpfe sind so eingerichtet, daß es, sofern sie nicht unentschieden enden, notwendigerweise Verlierer gibt.“ (N. Elias).

Man kann diese Feststellung dahingehend präzisieren, daß ein Sieg lediglich die bessere Leistung zu einem bestimmten Zeitpunkt feststellt. Liegen Leistungen, wie im heutigen Sport, sehr eng beieinander, so ist mit hoher Wahrscheinlichkeit damit zu rechnen, daß sich das Leistungsverhältnis bei nächster Gelegenheit anders darstellt. Um Leistungsunterschiede feststellen zu können, ist man heute gezwungen, in vielen Sportarten zu sehr diffizilen Meßmethoden Zuflucht zu nehmen, zu Hundertstelsekunden beispielsweise. Diese Messungen bestätigen eigentlich nichts anderes als die Gleichwertigkeit der Leistungen. Kein Wissenschaftler würde es für sinnvoll halten, eine so weitreichende Klassifikation mittels Meßwerten vorzunehmen, die nicht nur so eng beieinander liegen, sondern von denen er auch noch annehmen muß, daß sie sich bei der nächsten Gelegenheit wieder umkehren – wenn nicht ein besonderer Grund dafür spräche.

Dieser Grund ist nun tatsächlich vorhanden. Er liegt im sozialen Verhaltensmuster des Sports: Die Gleichheit im Sport ist die Grundlage zur Klassifizierung von Ungleichheit.

Fußball als Sonderfall

Nun gehört zwar das moderne Fußballspiel mitten hinein in diesen Komplex des Sports, wie er sich in England im 18./19. Jahrhundert herausbildete und sich in Deutschland seit dem 19. Jahrhundert verbreitete. Aber er nimmt darin eine Sonderstellung ein. Das zeigt sich gerade, wenn man ihn an den drei genannten sportlichen Prinzipien mißt.

Auch Fußball gilt als Leistungssport. Aber sein Leistungsauf-

Wettspiele des englisch-amerikanischen Fußballclubs in Dresden. Originalzeichnung von Herbert König. (S. 311.)

bau kennt keine Rekorde (wohl aber Weltmeisterschaften). Seine Torverhältnisse sind nicht völlig strukturgleich den Daten in Zentimeter, Gramm und Sekunde (wohl aber präsentierten sie ebenfalls Leistung in Zahlen).

Auch Fußball ist ein Konkurrenzspiel. Aber die Konkurrenz spielt sich zwischen Mannschaften ab. Innerhalb der Mannschaften gilt Arbeitsteiligkeit und Zusammenarbeit. Hier steht nicht jeder gegen jeden wie beim Wettlauf oder Boxen.

Auch Fußball baut auf einer Gleichheit der Chancen auf: Gleichheit der Regeln für alle Spieler, Zahlengleichheit der Mannschaften. Aber die Arbeitsteiligkeit schafft doch zugleich Ungleichheiten: die Sonderstellung des Torwarts, die Unterschiedlichkeit der Funktionen, die sich aus der Aufstellung ergibt. Verglichen mit der „Gleichheit" der Sprinter ist damit der Sport ein ganzes Stück „realistischer", was die Abbildung gesellschaftlicher Strukturen betrifft.

Insofern bilden andere Sportarten reiner jene Illusion ab, der wir auch in der Leistungsgesellschaft begegnen. Die Illusion der objektiven, naturwissenschaftlich meßbaren Leistung. Eine Illusion?

Schalten wir noch einmal zurück zu den Leistungsvorstellungen der Turner. Da die Turner nicht sportliche Interessen verfolgten, standen ihre Messungen auch in anderem Zusammenhang, bzw. führten zu anderen Konsequenzen. So wurden etwa im Mehrkampf, der dem turnerischen Vielseitigkeitsprinzip entsprach, diejenigen zu Siegern erklärt, die zwei Drittel der möglichen Punktzahl erreicht hatten. In den Laufwettbewerben, gegen Ende des vorigen Jahrhunderts, erklärte man jeweils die ersten drei zu Siegern. Wie bereits gezeigt wurde, ist diese Bewertungsmethode rein vom Meßtechnischen her dann tatsächlich sinnvoller, wenn die Ergebnisse dicht beieinander liegen.

Wesentlich war auch das turnerische Messen von relativen Leistungen. So wurde beim Hochsprung die „Leibeslänge" berücksichtigt, beim Weitsprung und Steinstoßen die „doppelte Leibeslänge". Bei Jahn findet man eine lange Liste des besten „Maaß" bei den Hochsprüngen: „Knöchelhoch, Wadenhoch, Kniehoch,

Schenkelhoch..., Hüfthoch, Nabelhoch, Herzhoch, Brusthoch..., Halshoch..., Schulterhoch, Kinnhoch, Mundhoch, Nasenhoch, Augenhoch, Stirnhoch..., Scheitelhoch." Die wesentliche Bezugsgröße ist immer die „Leibeslänge" des Springers.

Natürlich kann man auch hierbei noch zweifeln, ob das angemessene Maß gefunden sei. Wie „gleich" und „gerecht" ist es, daß der große (und schwere) Springer höher springen muß als der kleine (und drahtige)? Also müßte man um der Gleichheit der Chancen willen das Gewicht des Springers mit einbeziehen? Oder auch die Daten des Kreislaufs? Oder...?

Das mag alles nicht so praktikabel sein wie das einfache, eindimensionale Maßband in Zentimetern. Und es ist es sicher nicht. Aber es macht auf einiges aufmerksam, was gern vergessen wird:

– Die Gleichheit der Voraussetzungen im Sport ist eine *meßtechnische Fiktion.*
– Was als Leistungsmessung so naturwissenschaftlich daherkommt, ist *nicht natürlich.*
– Der sportliche Leistungsvergleich beruht auf der Reduktion einer Vielheit von Dimensionen auf die Eindimensionalität einer (c-g-s) Skala.

Ist das nur im Sport so? Das wäre verwunderlich. Denn wie die turnerischen Bewegungsweisen des 19. Jahrhunderts gesellschaftliches Verhalten abbildeten, so hängt auch der moderne Sport nicht im luftleeren Raum. Und wie die Turner damals nicht einfach pädagogisches Denken in Praxis umsetzten, so ist auch der Sport nicht nur als Anwendung von irgendwelchen Ideen zu verstehen (seien es Ideen pädagogischer Natürlichkeit oder auch falsche Ideen). Sondern der Sport und die Gesellschaft, in der er sich abspielt, sind verbunden. Die Leistung im Sport und die Leistung im Arbeitsleben sind nicht zufällig begriffsgleich. Der Fortschritt der Rekordmarken und der Fortschritt des Bruttosozialprodukts folgen verwandten Denkmustern. Die Eindimensionalität im Umgang mit Torverhältnissen und Punkten, mit Zentimeter, Gramm und Sekunde verweist auf die Eindimensionalität der Gesellschaft im Umgang mit Zeugnisnoten, Produktivitätsziffern und Geld.

Steigerung? – Wachstum? – Veränderung?

Das Nachdenken über die „Fußlümmelei", über einen Streit zwischen Turnen und Sport vor 80 Jahren, bringt uns also auf allgemeingesellschaftliche und aktuelle Fragen. Das ist wohl kein Zufall.

Das Nachdenken über Veränderung in der Vergangenheit führt vielleicht zwingend auf Veränderungen, in denen wir selbst stehen – oder die heute als notwendig bedacht werden.

Die Leistung am Ball und die Steigerung nach der Stoppuhr verweisen auf die Leistungs- und Steigerungsbegriffe in der industriellen Wachstumsgesellschaft. Und damit haben wir ja gegenwärtig unsere Probleme.

Diese Probleme werden heute unter der Überschrift „Grenzen des Wachstums" umstritten. Einig ist man sich dabei in der Feststellung, *daß Wachstumsprozesse einerseits den begrenzten natürlichen Ressourcen andererseits gegenüberstehen.* Aber was folgt daraus? Ist der Zusammenbruch programmiert, wenn wir so weitermachen wie bisher?

Vielleicht ist es nicht so abwegig, die Steigerungsprozesse und die Grenzen des sportlichen Leistens in diese Überlegungen einzubeziehen. Die Sportkritiker unter den Turnern ließen sich immer wieder dazu verleiten, irgendwelche Grenzen der Leistung zu bezeichnen, über die man – wie sie sagten – nie werde hinausgelangen können. Damit wollten sie die Absurdität des sportlichen Leistens und Steigerns aufzeigen. Aber sie irrten sich. Wohl alle damals genannten Marken werden inzwischen übetroffen. Der Steigerungsprozeß ging weiter.

Natürlich wird man annehmen, daß ein Weitspringer nie in der menschlichen Entwicklung die 100-Meter-Marke überspringen wird. Und sogar ein überzeugter Sporttrainer sagte: „Man muß annehmen, daß es für jede sportliche Leistung eine Grenze gibt, die nicht überschritten, aber beliebig angenähert werden kann" (K. Adam). – Aber was besagt das? Auch wenn man annimmt, daß jener unendliche Annäherungsprozeß sich nicht nur in jenen Hundertstelsekunden abspielen, sondern immer wieder einmal dramatische Überbietungen unvorhergesehener Art einschließen sollte, – um welchen Preis geschieht das und für welchen Sinn? Die Dopingfälle bei Olympischen Spielen sind eben kein Zufall. Die Rekordmonster der Spitzenwettkämpfe, die Hochleistungsfrauen mit den unnatürlich tiefen Stimmen, die frühruinierten Barrenmädchen und die Fleischmassen der Schwerathletik – sollte das der Weg unseres *Fortschritts* sein? Wollen wir dort hin? Der Steigerungsprozeß geht weiter, aber das *Aber* wird immer vernehmlicher.

Das kann uns wieder auf den wirtschaftlich-gesellschaftlichen Fortschrittsprozeß verweisen. Die Nahtstelle zwischen beiden – zwischen Sport und Wirtschaft bildet zum Beispiel das Auto. Es entwickelte sich gerade in jener Zeit, als der Sport aufkam und der Streit um die „Fußlümmelei" tobte, zu seiner gegenwärtigen Form. Diesen Aufstieg erfuhr das Auto gerade auch als Sportobjekt. Der Autosport trat in eine Reihe mit Wettlauf und Pferderennen, mit Wettschwimmen, Wettsegeln und Wettrudern, mit Wettrodeln, Skisport und Eiswettlauf, mit Fahrradsport und Flugsport. Alles dies: Wettsportarten um Zeitrekorde.

Aber das Auto war oder wurde zugleich etwas anderes: ein Wirtschaftsfaktor von größter Bedeutung. Jeder 7. oder 8. Bürger des westdeutschen Staates „verdankt" inzwischen seinen Arbeitsplatz der Autoindustrie. Wenn die Kfz-Industrie „Sichert die Arbeitsplätze!" ruft, tut die Regierung in Bonn, was sie tun soll. Durch gigantischen Ausbau der Straßen wird dieser Industriezweig versteckt subventioniert. Daß alle drei Stunden ein Kind auf der Straße stirbt, hindert daran nicht. Auch nicht, daß jeder dritte bereits unter lärmbedingten Störungen des vegetativen Nervensystems leidet und daß der Autoverkehr mit 60% an der Spitze der Luftverschmutzer steht. Wie die Steigerung der autosportlichen Geschwindigkeit, so muß auch der *Fortschritt* des Straßenbaus weitergehen. Denn von der Autoindustrie hängt das Wachstum des Bruttosozialprodukts wie von kaum einem anderen Faktor ab.

Auch in diesem Fall gab es Vorhersagen über die Grenzen der Entwicklung, über die „Sättigung" der Autogesellschaft. 1957 zum

Anti-Sport Karikaturen
(aus: Festzeitung für das 10. Deutsche Turnfest 1903)

Beispiel gab eine Prognose 67 Pkw auf tausend Einwohner als Sättigungsgrad an, heute sind wir bei 300. Auch hier waren die Angaben über die „Grenzen des Wachstums" falsch – wie im Sport. Der „Fortschritt" ging weiter. Aber was bedeutet das? In den totalen Asphalt?

Sportrekord und Wirtschaftswachstum – im Auto erhellen sie sich gegenseitig.

Nun hat noch niemand behauptet, wirtschaftliches Wachstum sei identisch mit Pflege der Natur. Der Widerspruch ist zu offensichtlich. Wachstum ist heute das Gegenteil einer umweltbezogenen Kultur, einer *Naturkultur*. Es ist *Zerstörung*.

Anders verhält es sich offenbar mit dem Verhältnis des Sports zur *Natur* des Menschen (was immer das sei und wo immer deren Grenzen seien). Weiterhin wird der Sport als Körperpflege, als Körperkultur und als *natürlich* bezeichnet. Die Beschäftigung mit seiner Geschichte kann dazu beitragen, hier Fragezeichen zu setzen.

Aber die Geschichte der „Fußlümmelei" zeigt noch etwas anderes. Geschichte heißt: Veränderung. Der Fußball – wie der Sport – ist historisch, gesellschaftlich. Es hat ihn einmal nicht gegeben (und schon gar nicht als *Selbstverständlichkeit*). Er ist irgendwann – unter nicht zufälligen gesellschaftlichen Bedingungen – entstanden. Was entstanden ist, kann auch wieder verschwinden. Unser Fußballspiel kann kommenden Generationen so fremd werden wie uns heute der Wunderlauf oder der Tiefsprung der Turner.

Diese Veränderlichkeit geht nicht nur den Sportkritiker an, sondern gerade denjenigen, der am Fußball seine Freude hat.

Weiterführende Literatur

H. Bernett, Grundformen der Leibeserziehung, Schorndorf 1975[3]

H. Eichberg, Der Weg des Sports in die industrielle Zivilisation Baden-Baden 1973

derselbe Leistung, Spannung, Geschwindigkeit, Stuttgart 1978

K. Gaulhofer, Die Fußhaltung, Kassel 1930

W. Hopf, Soziale Zeit und Körperkultur, Münster 1981

W. Hopf (Hg.), Fußball, Soziologie und Sozialgeschichte einer populären Sportart, Bensheim 1979

K. Koch, Die Geschichte des Fußballs im Altertum und in der Neuzeit, Münster 1982